Karl O. Roth, Jahrgang 1947, geboren in Göppingen, Württemberg, besuchte von 1954 – 1966 die Schule in Freiburg/Breisgau. Zuerst die Grundschule, danach die Realschule und die damalige Wirtschaftsoberschule, heute als Wirtschaftsgymnasium, unter dem Namen „Walter-Eucken-Gymnasium" in Freiburg bekannt. Nach einer zweijährigen Militärdienstzeit studierte er an der Albert-Ludwig-Universität in Freiburg die Volkswirtschaftslehre bis 1974, begleitet von diversen Berufspraktika im Bankwesen und in Industriefirmen. Danach erfolgte die Referendarausbildung in Freiburg für das höhere Lehramt an Kaufmännischen Schulen mit der Übernahme als Studienassessor im Jahr 1976 und dem Einsatz als Lehrer am Walter-Eucken-Gymnasium in Freiburg.

Aufgrund der Spezialisierung zum Speditionsfachlehrer im Laufe der 80er-Jahre gelang es, die neu eingerichtete Stelle im Berufsbildenden Zweig des Colégio Humboldt in São Paulo/Brasilien von 1989 bis 1995 zu besetzen und dort als Auslandsdienstlehrer zu unterrichten. Danach erfolgte mit der Rückgliederung in den Inlandsschuldienst auf eigenen Wunsch ein Ortswechsel an die Kaufmännischen Schulen Kehl am Rhein, um dort sowohl in der Berufsschule als auch im Wirtschaftsgymnasium zu unterrichten.

Mit einem zweiten Auslandsschuldienst von 2000 bis 2003 in Guatemala/City wurde im dortigen Berufsbildenden Zweig die Funktion als Leiter zusätzlich zum Unterricht in Industrie- und Außenhandelsfachklassen übernommen. Von 2003 bis zur Pensionierung im Jahr 2012 erfolgte der dritte Inlandsschuldienst an den Beruflichen Schulen Kehl (BSK), vornehmlich in Klassen der Berufsschule und des Kaufmännischen Berufskolleg I.

Ab 2005 schuf Karl O. Roth als Autor zahlreiche Lehr- und Lernmaterialien mit volkswirtschaftlichen Inhalten für einen Internet-Schulverlag. Diese neue und zugleich alte „Liebe" für die Volkswirtschaft wurde mit der Pensionierung nicht nur neu belebt sondern erklärt auch, dass der Fokus nicht nur auf die Wirtschaftspolitik sondern auch auf die Bildungspolitik gerichtet wurde.

Sieben Irrtümer in der deutschen Bildungslandschaft

Memoiren eines Berufsschullehrers

Karl O. Roth

Bibliografische Information der Deutschen Nationalbibliothek: Die Deutsche Nationalbibliothek verzeichnet diese Publikation in der Deutschen Nationalbibliografie; detaillierte bibliografische Daten sind im Internet über www.dnb.de abrufbar.

©Karl O. Roth
Herstellung und Verlag
BoD – Books on Demand, Norderstedt

ISBN: 9783738605143

Die Zukunft Deutschlands liegt eines Tages in den Händen der heute nachwachsenden Generation! Eine gute Bildung und Ausbildung heute sichert diese Zukunft. Was aber in der Vergangenheit gut und richtig war in der Bildungspolitik, darf ruhig auf den Prüfstand gestellt werden.

Somit ist es dem Verfasser des Buches ein Herzensanliegen am Ende von 37 Jahren als Berufsschullehrer an kaufmännischen Schulen, 9 Jahre davon als Auslandsschullehrer in São Paulo und Guatemala, kritisch einige Problemfelder unseres deutschen Bildungssystems herauszustellen. Am Beginn steht als eine erste Erkenntnis, der weitere folgen, dass unser bisheriges dreigliedriges Schulwesen zu hinterfragen ist, insbesondere im Vergleich zum finnischen Schulmodell der Gesamtschule.

Auf einem Bildungskongress in Schwäbisch Hall setzte sich der Verfasser damit auseinander und kam zu neuen Erkenntnissen vor dem Hintergrund eigener Schulerfahrungen. Ob es sich um „Irrtümer" in der Bildungspolitik bei allen sieben Kapiteln handelt, oder um Bildungsbereiche, die heute und auch zukünftig zu überdenken und zu verändern sind, muss der Leser entscheiden.

Sachinformationen zu diesen Kapiteln prägen das Buch ebenso, wie die eigenen Erfahrungen des Verfassers als Berufsschullehrer aus neuester Zeit, die aber auch zurückreichen bis zum Beginn der Schullaufbahn und in die Zeit als Schüler mit eigenen Erfahrungen im Schulalltag. Insofern trägt dieses Buch zu Recht den Untertitel: Memoiren eines Berufsschullehrers.

Sieben Irrtümer in der deutschen Bildungslandschaft

Memoiren eines Berufsschullehrers

Karl O. Roth

Inhaltsverzeichnis

Anstelle eines Vorworts: *Zwei Leserbriefe* 8

Annonce des KM Baden-Württemberg im Internet ... 11

„Das alte Schulsystem würde endlich aufgemischt" .. 12

Irrtum Nummer eins: Am dreigliedrigen Schulsystem festhalten 16

Irrtum Nummer zwei: Bildung soll umsonst sein 32

Irrtum Nummer drei: Du Vater Staat, sorge für moderne Schulbauten oder saniere die bestehenden – und die Bildung funktioniert! 52

Irrtum Nummer vier: Du Mutter Justitia, schreibe den Bildungs- und Erziehungsauftrag gesetzlich fest – das genügt! 75

Irrtum Nummer fünf: Die Notenskala von eins bis sechs ist ausreichend für die Beurteilung schulischer Leistungen 97

Irrtum Nummer sechs: Permanente Revisionen der Lehrpläne sichern Bildung und Ausbildung 120

Irrtum Nummer sieben: Bildung – oberstes Ziel der Politik? 149

Anstelle eines Vorworts: *Zwei Leserbriefe und ein Resümee zum Kongress „Bildung gelingt" – Schwäbisch Hall, Baden-Württemberg, 2009*

Auszug aus dem Leserbrief des Autors an die Redaktion von „Die Zeit" 23.02.2009
Anlass: Teilnahme an der Befragung zur „Bildung 2009"

... Wenn es um die Qualität der Bildung geht, zu der Lehrer, Schulen, Universitäten, Lern- und Sachmittel und vieles mehr beitragen, geht es bei vielen Diskussionen, die sich in diesem Lande um die Bildungspolitik drehen, um solche oder ähnliche Fragen, wie diejenige, die in Ihrer Befragung aufgestellt wurde mit: **Wie gut sind die Grundschullehrer? Werden sie ihrer Verantwortung gerecht?** Eine von elf Fragen, die in der Befragung gestellt wurde.

Eine berechtigte Frage, die auch hinsichtlich anderer Lehrer wie Realschullehrer, Gymnasiallehrer, Berufsschullehrer, Hochschullehrer, gestellt werden könnte. Bei dieser und auch den anderen zehn gestellten Fragen kommt jedoch ein aus meiner Sicht wichtiger Bereich, sogar ein ganzer Fragenkomplex nicht zur Beantwortung und wird überhaupt nicht aufgegriffen. Nämlich die Frage: Welche individuellen und gesamtgesellschaftlichen Voraussetzungen müssen vorliegen, damit sich die Qualität der Bildung auf allen Ebenen verbessert? Konkret meine ich damit, dass am Ende der schulischen und universitären Lernprozesse, die in Deutschland ebenso wie in anderen Staaten in verschiedenen Lebensabschnitten, auf unterschiedlichen Stufen und in allen Bildungseinrichtungen stattfinden, es nicht nur von der Qualität der Lehrkräfte und deren Ausbildung, von der zahlenmäßigen Größe der Klassen und der Aufnahmekapazität der Hörsäle, von den Lehrplänen und der sachlichen Ausstattung mit Lernmitteln abhängig ist, welche Resultate und Qualifikationen erreicht werden, sondern auch *maßgeblich* von den *Voraussetzungen* und *Eigenschaften*, die *Schüler und Hochschüler mit ihrer Person einbringen.*

Mit mehr als 30 Jahren Berufserfahrung im Beruflichen Bildungswesen, davon neun Jahre als Lehrkraft im Auslandsschuldienst stelle ich die These auf, dass es in Deutschland schwer oder um nicht zu sagen fast unmöglich geworden ist, große Klassen mit über 30 Schülern „vernünftig" zu unterrichten. Etwas, das nach einem anerkannten deutschen Bildungsexperten, Prof. Andreas Helmke,[1] in Ländern wie Vietnam noch möglich zu sein scheint. Ferner wird der Unterricht heute deutlich erschwert durch mangelhafte Selbstdisziplin der Schüler und fehlende Grundtugenden. Die Frage für Schüler in mittleren und höheren Bildungsabschnitten könnte lauten: Wie steht es um die Fähigkeit mit guten Lehrbüchern in der Schule und zu Hause *selbstverantwortlich* zu lernen und damit auch Hausaufgaben zu bewältigen? *„Hausaufgaben"*, ein altmodisches Wort, und diese werden heute nicht mehr von der Masse der Schüler mit der notwendigen Gründlichkeit und dem entsprechendem Zeitaufwand selbständig angegangen und selbstverantwortlich erledigt. Eine These, die sich mir nach meinen mehr als 30 Jahren Berufserfahrung förmlich aufdrängt.

Und noch vieles mehr an weiteren fehlenden Grundtugenden ließe sich anführen, würde jedoch an dieser Stelle zu sehr ins Detail gehen. Im Vergleich der deutschen Schüler-

---

[1] http://andreas-helmke.de/

klientel von heute und der in meinen Auslandsjahren (Brasilien, Guatemala) stelle ich immer wieder fest, dass ich im Ausland mit der Hälfte der Zeit diesen Schülern in einer für sie fremden Fachsprache und nicht deren Muttersprache viele Sachverhalte der Betriebswirtschaftslehre, des Rechnungswesens und der Datenverarbeitung beibringen konnte. Dies mit erheblich weniger Zeitaufwand und geringeren Mühen. Im Klartext: wie können bei einer **„Nullbock-Haltung"** diejenigen Schulerfolge erreicht werden, die am Ende eines jeweiligen Bildungsabschnittes das Ziel sein sollen? Oder anders: Wie wunderbar leicht sind Ziele und Bildungsabschlüsse erreichbar, wenn Schüler motiviert und zielstrebig arbeiten. Die Frage somit: Wie können die notwendigen individuellen Grundtugenden und Werte durch die Gesellschaft gestärkt werden? Ich gebe die Worte der ehemaligen Kultusministerin Baden-Württembergs, Annette Schavan, wieder „...die Schule alleine kann nicht alles leisten". Gemeint war damit, dass ein Großteil der Erziehungsarbeit und die Vermittlung von Grundtugenden in der Familie zu leisten sei.

Gerne bin ich bereit, Ihnen weitere Argumente aus meiner Berufserfahrung zum Stand der „Bildung 2009" zu geben, wohl wissend, dass ich nur in meinem Bereich als Berufsschullehrer, und hier auch nur eingeschränkt für einige Ausbildungs- und Berufsbildungsgänge Stellung nehmen kann, somit können auch nur einige der vielen Facetten in der deutschen Bildungslandschaft wiedergeben werden. Dennoch wäre die Erörterung der persönlichen Voraussetzungen von Lernenden ebenso wichtig wie die Frage: Wie gut sind die Grundschullehrer? Werden sie ihrer Verantwortung gerecht? Diese Frage war eine von elf, die an die Teilnehmer der Befragung gestellt wurden. Warum wurde aber nicht gefragt: *Wie gut sind die Schüler? Werden sie ihrer Verantwortung gerecht?* ...

Annonce des KM Baden-Württemberg im Internet:
Februar 2009

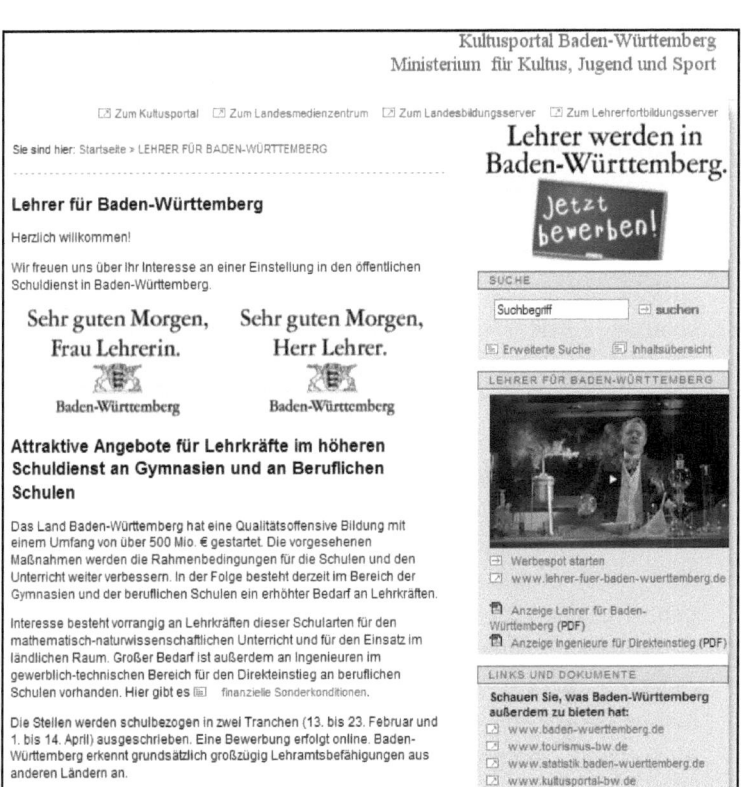

Auszug aus dem Leserbrief des Autors an die «Kehler Zeitung», Redaktion Leserbriefe
„Das alte Schulsystem würde endlich aufgemischt"

Zur Leserumfrage am 28.02.2009

Auf den ersten Blick hat die Idee etwas für sich, den fehlenden Nachwuchs für Lehrer im Landesdienst Baden-Württembergs durch überdimensionale Plakatwerbung[2] in Berlin mit „Sehr guten Morgen, Herr Lehrer, Frau Lehrerin" zu gewinnen. Warum nicht dort abwerben, wo es „Überschüsse" oder schlechtere Arbeits- und Besoldungsregelungen gibt, um die eigenen Defizite in der Lehrerversorgung auszugleichen?

Die Befragung von Lesern aus verschiedenen Altersgruppen und in unterschiedlichen Berufen ergab deutliche Signale: Fertig ausgebildete Ingenieure oder Naturwissenschaftler sind nicht automatisch gleichzusetzen mit ausgebildeten Lehrern, die eine pädagogische und fachlich-didaktische Lehramtsausbildung bzw. Referendariat durchlaufen mussten. Schon immer wurden in Baden-Württemberg, insbesondere im Berufsschulwesen, qualifizierte „Seiteneinsteiger" [3] eingestellt im Anschluss an eine Universitäts-

---

[2] Über das Einstellungsportal des Kultusministeriums Baden-Württemberg können sich auch Lehrkräfte aus anderen Bundesländern über die Einstellungsmodalitäten des Landes Baden-Württemberg informieren, siehe auch: http://www.kultusportal-bw.de/servlet/PB/menu/1189823/index.html?ROOT=1146607

[3] Der Verfasser dieser Zeilen zählt sich mit seiner Berufsqualifikation als Dipl. Volkswirt ebenfalls als Seiteneinsteiger im Lehrerberuf. Im Anschluß an das Studium und den weiteren Berufsqualifikationen wurde ein einundhalbjähriges Referendariat durchlaufen und danach in den Fächern Volks- und Betriebswirtschaftslehre die Lehrbefähigung für das höhere Lehramt an Kaufmännischen Schulen am 24.06.1976 erworben

oder Fachhochschulausbildung. Jedoch erst nachdem das Referendariat von früher zwei, neuerdings eineinhalb Jahren durchlaufen wurde. Damit war es in der Vergangenheit bis auch heute noch möglich, dringend benötigte Fachlehrkräfte insbesondere für den Berufsschulbereich zu gewinnen. Und damit Lehrkräfte mit den erforderlichen Eigenschaften für einen anspruchsvollen Beruf, besonders in Klassen, die nur knapp unter dem Teiler[4] von 32 Schülern liegen.

Es macht nachdenklich, dass das Kultusministerium des Landes Baden-Württemberg im Jahre 2009 den Lehrermangel durch das Abwerben von Lehrkräften aus anderen Bundesländern zu beheben versucht. Die Zahlen der ausscheidenden Lehrkräfte durch Pensionierung und die Entwicklung der Schülerzahlen sind demographisch feststehende und planbare Daten. Gibt es in den Kultusministerien so etwas wie ein langfristig planendes „Personalmanagement"? Für Großbetriebe der Wirtschaft wie Siemens, Daimler-Benz und andere Unternehmen ein selbstverständliches Muss, um auf Wachstumsmärkten bestehen zu können.

Karl O. Roth
Dipl. Volkswirt, Kehl
Lehrer an den Beruflichen Schulen Kehl

---

[4] Siehe auch: http://www.juraforum.de/forum/t/klassenteiler-baden-wuerttemberg.443037/

Auszug aus einem Schreiben des Autors an die Leitung des Kongresses „Bildung gelingt", kurz nach dem Kongress, der in Schwäbisch Hall, Baden-Württemberg, vom 27.03.2009 bis zum 29.03.2009 stattgefunden hat.

Sehr geehrter Herr Rühl,
sehr geehrter Herr Stephan,

...Erlauben Sie ein kleines Resümee, das ich aufgrund dieses Kongresses ziehen musste: Das finnische Modell hat mich sehr beeindruckt und die Darstellungen des Experten Rainer Domisch,[5] mit dem ich ins Gespräch kommen durfte, waren überzeugend. Bislang habe ich als Lehrer am „bewährten" dreigliedrigen Schulsystem festgehalten. Auch aus dem Grunde, dass ich selbst die Realschule und danach das Wirtschaftsgymnasium in Freiburg durchlief und bis heute eine große Durchlässigkeit unseres Bildungssystems auch im beruflichen Schulwesen als gegeben ansah. Neuerdings machen mich jedoch die Entwicklungen in unserer Schülerschaft bzw. in der Gesellschaft nicht nur nachdenklich, sondern lassen mich mehr und mehr zweifeln, dass es uns – dies auf breiter Ebene und in allen Bereichen – gelingt, einen Großteil der Schülerschaft zu höher qualifizierenden Bildungsabschlüssen zu führen. Bekannt ist die Feststellung vieler Ausbildungsfirmen, dass ein Großteil der Bewerber nicht ausbildungsfähig sei wegen mangelnder Voraussetzungen bzw. Qualifikationen. Das was

---

[5] Deutscher Bildungsexperte und ehemaliger Fachleiter für Deutsch als Fremdsprache, entsandt von der ZfA Köln (BVA) für einen längeren Zeitraum nach Helsinki, seit mehreren Jahren Beamter (Unterrichtsrat) in der obersten Schulbehörde in Finnland (Zentralamt für Unterrichtswesen), daneben auch in internationalen Bildungskommssionen und in UNESCO-Projekten mitwirkend; vgl. auch:
http://www.uni-trier.de/fileadmin/forschung/ZFL/Domisch_neu.pdf

im **finnischen Modell/System** scheinbar „garantiert" wird – **keiner darf und soll zurückbleiben** – davon können wir in Deutschland doch nur träumen.

Und mit meinen neun Jahren Berufstätigkeit als Lehrkraft im Auslandsschuldienst in Brasilien und in Guatemala durfte ich dort erleben, welche Unterrichtserfolge in kurzer Zeit möglich waren mit einer motivierten Schülerschaft. Hier in Deutschland oft ernüchternd bzw. enttäuschend! Auch Rainer Domisch bejahte meine Frage in dieser Richtung und meinte, dass die Schülerschaft in Finnland motivierter sei als die in Deutschland...

Mit freundlichen Grüßen

Karl O. Roth
Dipl. Volkswirt, Kehl
Lehrer an den Beruflichen Schulen Kehl

Irrtum Nummer eins: Am dreigliedrigen Schulsystem festhalten

Der Bericht der Europäischen Kommission[6] aus dem Jahr 2008 wirft hinsichtlich der Schülerzahlen, die die Schule mit einem Abitur oder einem gleichwertigen Abschluss verlassen, ein schlechtes Bild auf die deutsche Bildungslandschaft. Im Jahr 2007 haben nur 72,5% aller 20- bis 24-jährigen Bundesbürger einen solchen Abschluss erreicht, weit entfernt von dem EU-Ziel mit 85%. Daraus ließe sich ableiten, dass es die Aufgabe der Schulpolitik in allen Bundesländern wäre, gymnasiale und bestimmte berufliche Bildungsgänge zu fördern, um die Quote der Abiturienten weiter zu erhöhen. Wenn man der Aussage der WeltOnline vom 15.06.2008 folgt, sei es besonders in Deutschland schwer „ ...ohne klassisches Abitur, ein Hochschulstudium zur Weiterqualifizierung aufzunehmen".[7] Diese Aussage verkennt jedoch, dass in Deutschland auch im beruflichen Bildungswesen Abiturabschlüsse[8] , in Baden-Württemberg von rund 30 Prozent der Schüler erreicht werden.

Verfolgt man die Entwicklung der letzten Jahrzehnte, so zeigt sich deutlich ein Absenken der Hauptschulabschlüsse, bei einem gleichzeitigen Ansteigen der Abiturientenquote, die jedoch auch im Jahr 2000 mit knapp 37% noch deutlich

---

[6] http://bildungsklick.de/a/61752/eu-bericht-zu-wenig-abiturienten-in-deutschland/

[7] http://www.welt.de/politik/article2106932/Studium_ohne_Abitur_in_Deutschland_sehr_schwer.html

[8] http://www.kultusportal-bw.de/,Len/Startseite/schulebw/Berufliche+Gymnasien

unter dem EU-Ziel von 85% (2008) liegt.[9] Zieht man außerdem den Bericht der Schader Stiftung [10] hinzu, so lässt sich feststellen, dass im Allgemeinbildenden Schulwesen im Jahr 2000 in Deutschland nur 24 % einen Abschluss mit Abitur erreichen konnten und weitere 11% Abiturabschlüsse an beruflichen Schulen erzielt wurden.

Trotz der deutlichen Erhöhung der Abiturientenquote und der Quote an Schulabgängern mit einem Realschulabschluss bei einem gleichzeitig starken Rückgang der Hauptschulabsolventen zeigt die Grafik[11] der Schulabschlüsse in Deutschland, dass die Zahl der Schulabgänger ohne Abschluss mit 9,6% auch im Jahr 2000 trotz einem Rückgang noch relativ hoch ist.

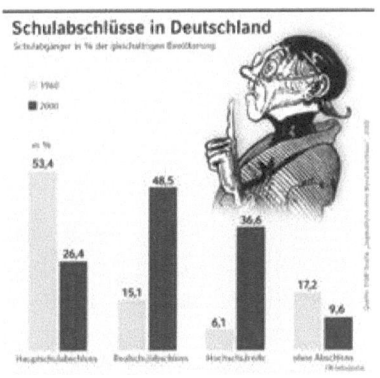

Insofern ist es berechtigt, auch dieser Gruppe im Rahmen der Bildungspolitik die entsprechende Aufmerksamkeit und Förderung zu schenken. So wie es bei der Vorstellung des EU-Berichts der für die allgemeine und berufliche Bildung zuständige Kommissar Ján Figel ausdrückte „Fast ein Drittel der Arbeitnehmer in Europa hat nur einen Hauptschulabschluss und etwa jeder vierte 15-jährige hat Schwächen

---

[9] http://www.fr-online.de/wissenschaft/schulabschluesse-in-deutschland/-/1472788/2688956/-/index.html
[10] http://www.lernen-vor-ort.info/de/303.php
[11] Quelle: http://www.fr-online.de/image/view/-/2688958/highRes/1273420/-/maxh/480/maxw/480/-/Schulabschl%25C3%25BCsse+%2528media_176368%2529.jpg

im Lesen. Auf unserem Weg als wissensbasierte Gesellschaft in einer hart umkämpften globalisierten Welt werden es diese Millionen von Europäern immer schwerer haben, sich zu entfalten oder überhaupt eine Arbeit zu finden. Ich begrüße es daher, dass die Mitgliedstaaten die – in wirtschaftlicher und sozialer Hinsicht – zentrale Rolle der allgemeinen und beruflichen Bildung für die Zukunft unserer Gesellschaften anerkannt haben. Sie haben langfristige Reformprozesse eingeleitet, und die Fortschritte sind zwar langsam, gehen aber meist in die richtige Richtung. Es bleibt noch viel zu tun, und die Kommission ist weiterhin gerne bereit, die Zusammenarbeit in diesem Bereich zu unterstützen."[12]

Der Verfasser und Autor dieser Memoiren durchlief selbst von 1954 bis 1958 die Grundschule in Freiburg, um danach über die Realschule (1958 - 1964), damals noch in Baden-Württemberg als „Mittelschule" bezeichnet, den Weg zum Wirtschaftsabitur einzuschlagen und diesen auch erfolgreich abzuschließen. Trotz einem guten Realschulabschluss musste noch 1964 eine Aufnahmeprüfung für die damalige Wirtschaftsoberschule in Freiburg bestanden werden. Später wurde diese umbenannt in „Walter-Eucken-Gymnasium", ein Wirtschaftsgymnasium. Im Gegensatz dazu genügte es anderen Freiburger Gymnasiasten, die auf diesen Schultyp wechselten, mit einer „normalen" Versetzung von Klassenstufe 10 nach 11, um ohne Aufnahmeprüfung angenommen zu werden. Unter diesen damaligen Klassenkameraden gab es nur wenige, die den Bildungsweg der „Wirtschaftsoberschule" wählten, um später kaufmännische Berufe einzuschlagen oder Betriebswirtschaft

---

[12] http://bildungsklick.de/a/61752/eu-bericht-zu-wenig-abiturienten-in-deutschland/

oder Volkswirtschaft zu studieren.[13] Dieses „Wirtschaftsabitur" war jedoch ein vollwertiges Abitur und berechtigte zum Studium aller Fachrichtungen und in allen Bundesländern. Prüfungsfächer waren nicht nur die beiden Sprachen Englisch und Französisch, sondern auch Deutsch, Mathematik, Volks- und Betriebswirtschaftslehre. Eine Trennung in Grund- und Leistungskurse gab es damals noch nicht und alle Fächer waren gleichgewichtig.

In dem Zeitraum zwischen 1960 bis 1980/1990 war es nach Ansicht des Verfassers ohne Probleme möglich, auf dem Hauptschulabschluss oder dem Realschulabschluss aufbauend einen anerkannten Ausbildungsberuf im Dualsystem der Berufsschule zu lernen und sich danach höher zu qualifizieren über entsprechende Fachhochschulen oder berufsbegleitende Abendkurse mit anerkannten Abschlüssen.[14] Die Durchlässigkeit des Beruflichen Bildungswesens gilt in Deutschland unverändert bis heute. So ist es beispielsweise möglich, dass nach der Realschule in Baden-Württemberg über die zweijährige Ausbildung im Berufskolleg, die Fachhochschulreife erworben werden kann. Auch das was früher einmal galt, dass Fachhochschulen rangmäßig unter den Universitäten stehen, kann heute so nicht mehr hingenommen werden. Die deutschen Fachhochschulen stehen heute national und international

---

[13] Nur einer war darunter, aus einer Unternehmerfamilie stammend, der den Wechsel aus einem humanistischen Gymnasium im Schwarzwald nach Freiburg machte, um später, nach dem Wirtschaftsabitur, den Speditionskaufmann in einer Dualen Ausbildungsphase zu lernen und später den elterlichen Speditionsbetrieb zu übernehmen.

[14] Dies gilt eigentlich unverändert bis heute im Jahr 2012. Und einige meiner Schulkameraden aus der Realschulzeit konnten sich bereits in den 70er Jahren, nach dem Erlernen eines Berufes im Dualen System und weiteren Berufsjahren über eine Fachhochschule zu Ingenieuren weiterentwickeln.

gesehen, nicht mehr hinter den Universitäten, auch wenn es im Ranking durchaus unterschiedliche Platzierungen gibt, sowohl bei den Fachhochschulen als auch bei den Universitäten.[15] Und die Personalchefs der Unternehmen sind hier voll im Bilde, um den Stellenwert von Fachhochschulen richtig einzuschätzen.[16]

Aus Sicht des Verfassers ist eine Steigerung der Abiturientenquote auf 85% für Deutschland ebenso unsinnig, wie das starre Festhalten am bisherigen dreigliedrigen Schulsystem. Das soll nachvollziehbar begründet werden:

Nicht nur in Deutschland gilt der Abiturabschluss am Ende der Sekundarstufe II als Nachweis und Qualifikation für die Studienberechtigung an einer Universität. Der Schulabschluss mit einer Fachhochschulreife ist jedoch nicht als minderwertig einzustufen in Anbetracht des Ranking von Fachhochschulen mit Universitäten. Ohne an dieser Stelle auf eine Gegenüberstellung der schulischen Lehrpläne des Jahres 2010 mit denen des Jahres 1960 - und dies über alle Fächer hinweg - einzugehen, lässt sich die These aufstellen: Schulische Lehrpläne sind hinsichtlich ihres Umfangs verkürzt, inhaltlich aber deutlich anspruchsvoller geworden. Die Rahmenlehrpläne, die für die anerkannten Ausbildungsberufe in ganz Deutschland gelten, wurden wegen der Zuständigkeiten der Bundesländer für ihre jeweilige Kultus- und Bildungspolitik in den schulischen Lehrplänen höchst unterschiedlich umgesetzt und bewirken einen „Dschungel"

---

[15] Auch wenn dies auf einer Untersuschung aus 2008 stammt, dennoch aussagekräftig, vgl. dazu:
http://www.welt.de/wissenschaft/article2557433/Elf-deutsche-Universitaeten-weltweit-in-den-Top-200.html

[16] http://www.huffingtonpost.de/2014/06/23/ranking-besten-fachhochschulen-deutschland_n_5513978.html

an Lehrplänen nicht nur im berufsbildenden Bereich[17] sondern auch im allgemeinbildenden Bereich.[18] Dies erschwert nicht nur den Überblick und den Ländervergleich, sondern trägt dazu bei, dass es ein „Bildungsgefälle" in Deutschland und damit unterschiedliche Qualifikationen sowohl bei den Abschlüssen in der Berufsschule als auch bei den Abiturienten gibt.

Für den Eintritt in eine Berufsausbildung ist heutzutage der „Mittlere Bildungsabschluss" die Standard-Eingangsvoraussetzung. In manchen Berufen reicht noch immer der Hauptschulabschluss, der 1960 mehr als die Hälfte aller Abschlüsse ausmachte, dies jedoch eher im gewerblich-technischen Bereich als im kaufmännischen Bereich. Und obwohl heute der Mittlere Bildungsabschluss von fast der Hälfte aller Schulabgänger erreicht wird, ist seit Jahren der Begriff von der fehlenden „Ausbildungsreife" aus dem Munde der Personalchefs zu hören.[19] Dass dabei zwischen Ausbildungsreife, der Berufseignung und der Vermittelbarkeit ein enger Zusammenhang besteht, zeigt das Bild auf der nachfolgenden Seite.

---

[17] http://www.bildungsserver.de/zeigen.html?seite=487

[18] http://www.bildungsserver.de/zeigen.html?seite=400

[19] http://www.bosch-stiftung.de/content/language1/html/9433.asp

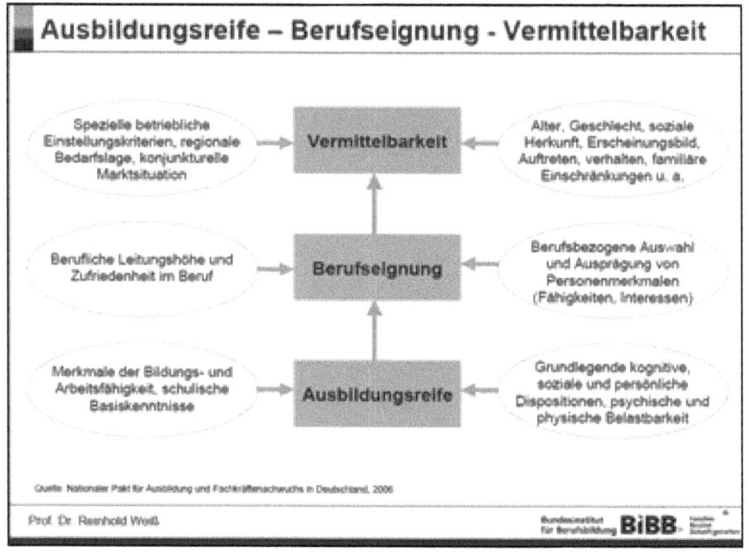

Solange es in Deutschland das bewährte duale Berufsschulsystem[20] geben wird mit der bisherigen Durchlässigkeit für berufliche Weiterentwicklung bedarf es nicht einer Erhöhung der Abiturientenquote auf 85 %, wie es die EU-Kommission als Ziel vorgibt. Das mag für andere EU-Länder gelten, die nicht über dieses typisch deutsche Berufsbildungssystem verfügen. Dennoch lässt sich nicht leugnen, dass auch in der Berufsbildung vieles im Umbruch ist, ständigen Neuerungen folgend und es schon seit längerem auch ein „Duales Studium" gibt. In Baden-Württemberg ist dies an den Berufsakademien des Landes möglich.[21]

Es geht somit nicht ausschließlich darum, die Abiturientenquote zu erhöhen, sondern in allen Bereichen der

---

[20] http://de.wikipedia.org/wiki/Duale_Ausbildung
[21] Siehe: http://www.wegweiser-duales-studium.de/baden-wuerttemberg/ und auch: http://www.s-hb.de/duale-ausbildung-de/

schulischen Bildung dafür zu sorgen, dass die notwendige Ausbildungsreife für das duale System erreicht wird und dass eine Weiterbildung – schulisch und außerschulisch – und wenn notwendig, auch mit einer Nachqualifizierung stattfindet. Dass hierbei die europäische Anerkennung der beruflichen Ausbildungsgänge ebenso zur Aufgabe geworden ist, wie die Verzahnung der Allgemeinbildung, der Berufsbildung und Hochschulbildung ist unbestreitbar.[22]

Den Zusammenhang zwischen Ausbildungsreife, Berufseignung und Vermittelbarkeit zeigt das Bild auf der vorangegangenen Seite, eine Präsentation aus dem Jahr 2006 von Professor Dr. Reinhold Weiß[23], ständiger Vertreter des Präsidenten und Leiter des Forschungsbereichs im Bundesinstitut für Berufsbildung.

Und wer die Diskussion über die mangelnde Ausbildungsreife[24] in den letzten Jahren aufmerksam verfolgte, muss daraus folgern, dass hier neu bildungspolitische Aufgaben vorliegen, die nicht nur im schulischen Bereich sondern auch im gesellschaftlichen Umfeld angegangen werden müssen. Ein Kriterienkatalog zur Ausbildungsreife findet sich auch in der Publikation „Nationaler Pakt für Ausbildung

---

[22] http://www.bwpat.de/ausgabe11/waldhausen_bwpat11.shtml

[23] https://www.uni-due.de/biwi/bawb/honorarprofessoren

[24] http://www.focus.de/schule/schule/berufskompass/berufsbildungsbericht-2010-viele-jugendliche-sind-nicht-_ausbildungsreif_aid_486298.html

und Fachkräftenachwuchs für Deutschland", herausgegeben von der Bundesagentur für Arbeit.[25]

Den Verfechtern des traditionellen, dreigliedrigen Schulsystems in Deutschland dürfte es schwer fallen Abschied von einem Schulwesen zu nehmen, das sich in der Vergangenheit bewährt hat. Ein System, das mit wenigen Ausnahmen vermutlich viele durchlaufen haben, die heute als Politiker für die Bildung verantwortlich sind, ebenso die Bürokraten in der Schulverwaltung und auch die Mehrzahl der Eltern- und Lehrerschaft. Für alle diese Verfechter des bisherigen Schulsystems würde sich ein Studium des **„finnischen Modells"** empfehlen, um dessen Vorteile zu vergleichen mit den Vorteilen unseres Schulsystems, wobei auch die Nachteile betrachtet werden müssen. Oder wird der Vergleich von Nachteilen wichtiger sein, weil es am Ende doch um die Finanzen geht? Auch in einer „reichen" Volkswirtschaft, wie in Deutschland, muss es letztlich zum Credo kommen: der Glaube an die Bildung und Bildung als überlebensnotwendige Investition einer Gesellschaft für seine Zukunft. Wobei es interessant ist, im vierjährigen Turnus von allen Parteien versichert zu bekommen, dass sie für Bildung einstehen. Nur: In welcher Form? Mit wieviel Geld? Dies wird vor den Bundes- und Landtagswahlen selten im Detail diskutiert, schon gar nicht die Diskussion über ein radikales Umdenken in Richtung eines Schulsystems à la Finnland.

„Ein Schulsystem nach finnischem Vorbild hat einen Nachteil: Es ist teuer. Vielleicht zu teuer in Zeiten leerer Kassen

---

[25] http://www.arbeitsagentur.de/zentraler-Content/Veroeffentlichungen/Ausbildung/Kriterienkatalog-zur-Ausbildungsreife

und knapper Budgets und erst recht seitdem sich Deutschlands Öffentliche Haushalte dem Spardiktat und der „Schuldenbremse" beugen müssen. Andererseits gilt: „Jede Investition in die Bildung ist auch eine Investition in die Zukunft."[26]

In den letzten Jahren hat sich der Begriff vom „**verhaltensauffälligen**" Schüler herausgebildet. Ein Begriff, den ich als Verfasser bis vor meinem ersten Auslandseinsatz (Brasilien, São Paulo, 1989 - 1995), noch nicht kannte, der heute jedoch zum Schulalltag gehört. Dieser „**Schülertyp**" überfordert heute meiner Ansicht nach die Lehrerschaft wohl in allen Schularten. Bis heute sind die Lehrer nicht ausreichend geschult bzw. ausgebildet, um schwierigen, psychologischen Problemen von Schülern als Individuum oder als Gruppe angemessen zu begegnen. „In Finnland sind Psychologen weit besser in den Schulalltag eingebunden. An fast allen Schulen gibt es Förderstunden, LehrerassistentInnen, SchulsozialarbeiterInnen und Schulkrankenschwestern. Eltern können eine Zusammenarbeit kaum umgehen. Das System muss auf Probleme sofort reagieren, weil es keine Exit-Tür für schwierige Fälle gibt - etwa im Sinne einer Verweisung auf weniger anspruchsvolle Schulen." [27]

Eine weitere Stärke des Schulsystems in Finnland ist darin zu erkennen, dass in allen Schuljahren eine individuelle Förderung erfolgt, ein **Sitzenbleiben gibt es nicht**. Chancengleichheit ist oberstes Gebot: Alle Kinder haben das Recht

---

[26] Abschließende Betrachtung in:
http://www.starke-eltern.de/htm/schule_in_finnland.htm

[27] vgl. auch:
http://www.bpb.de/publikationen/0FV574,0,Finnisches_Bildungswesen_und_Familienpolitik%3A_ein_leuchtendes_Beispiel.html

auf eine hochwertige und umfassende Schulbildung, schwächere Schüler werden gefördert und integriert. Zeigt ein Kind Schwächen beim Lernen, wird es, wenn nötig auch durch Einzelunterricht, gefördert. "An größeren Schulen besteht außerdem die Möglichkeit, verhaltensauffällige Kinder vorübergehend in kleinen, speziell betreuten Gruppen lernen zu lassen. In diesem System haben auch die traditionellen Lehrer ihren Platz. Nur werden sie durch die Expertenteams entlastet und können sich voll und ganz auf eine möglichst effektive Stoffvermittlung konzentrieren." [28]

Klingen diese Sätze nicht wie liebliche Musik in den Ohren eines Lehrers? Sich voll und ganz auf eine möglichst effektive Stoffvermittlung konzentrieren können? Nicht in jeder oder fast jeder Unterrichtsstunde disziplinieren zu müssen? Oder sich im Laufe des Schulalltags nicht ständig fragen zu müssen: wie schaffe ich es, dass meine Schüler sich auf die Stoffaufnahme konzentrieren? Wie schaffe ich meine **Rolle als „Motivator"**?

Und wie klingen Sätze wie diese: "Das Bildungssystem ist das wichtigste Instrument der Chancengleichheit. Eine moderne Informationsgesellschaft kann es sich gar nicht leisten, einen Teil der Jahrgänge schon im Voraus sozial auszugrenzen und in die Aussichtslosigkeit zu schicken (wie es durch die Hauptschule beispielsweise in Deutschland praktiziert wird)."[29] Das finnische Modell auf Deutschland zu übertragen würde bedeuten, dass bereits ab der ersten

---

[28] http://www.starke-eltern.de/htm/schule_in_finnland.htm

[29] Vgl. auch:
http://www.bpb.de/publikationen/0FV574,0,Finnisches_Bildungswesen_und_Familienpolitik%3A_ein_leuchtendes_Beispiel.html
Und: http://de.wikipedia.org/wiki/Bildungssystem_in_Finnland

Klasse der Grundschule ein Prozess beginnen müsste, der den Schüler einfordert, an seiner Schulkarriere verantwortlich mitzuwirken. Ein Prozess, der sich über die gesamte Schulzeit erstrecken sollte. Ein Sitzenbleiben gäbe es nicht mehr und auch nicht mehr die Trennung nach Klasse 4 bzw. nach Klasse 5 oder 6, sondern frühestens ab dem 17. Lebensjahr, in dem eine Trennung auf die gymnasialen Abitursklassen oder auf die berufsbildenden Schulen erfolgen würde. Somit verbringen alle Schüler 9 Schuljahre in einer Gesamtschule. Ein Schultyp [30], der in Deutschland in mehreren Bundesländern „getestet" wurde – ohne aber jemals an das finnische Modell heranzukommen – dem aber, folgt man den Zeilen von SpiegelOnline (04.04.2008), „inzwischen der Garaus gemacht wurde".[31]

So wie Rainer Domisch das finnische Modell auf dem Bildungskongress in Schwäbisch Hall (März 2009) darstellte, ist es auch auf dem Weg über die berufliche Bildung möglich, in Finnland ohne Abitur studieren zu können, wenn entsprechende zusätzliche Eingangsprüfungen erfolgreich bestanden werden. Mehr über die Unterschiede zwischen dem finnischem und dem deutschen Bildungssystem sind über den Server „bildungsklick" zu erfahren. [32]

---

[30] http://de.wikipedia.org/wiki/Gesamtschule

[31] http://www.spiegel.de/schulspiegel/wissen/0,1518,545271,00.html

[32] Deutscher Bildungsexperte und ehemaliger Fachleiter für Deutsch als Fremdsprache, entsandt von der ZfA Köln (BVA) für einen längeren Zeitraum nach Helsinki, seit mehreren Jahren Beamter (Unterrichtsrat) in der obersten Schulbehörde in Finnland (Zentralamt für Unterrichtswesen), daneben auch in internationalen Bildungskommssionen und in UNESCO-Projekten mitwirkend.
Vgl. auch:
http://bildungsklick.de/a/59273/nicht-akzeptabel-wie-schueler-abgestraft-und-beleidigt-werden/

Auch die Trennung der Schüler nach Klasse 4 ist in den vergangenen Jahren für Eltern und Schüler, aber auch für alle Lehrkräfte, die maßgeblichen Anteil an den Empfehlungen für die weiterführenden Schulen haben, in vielen Fällen nicht problemlos verlaufen.  Die Entwicklung und der Reifungsprozess eines Schulkinds sind nur schwer oder kaum prognostizierbar und unterliegen vielen Einflussfaktoren.[33]

So ist es verständlich, dass sowohl von Elternseite als auch von Lehrerverbänden die Abschaffung des „Folterinstruments" Grundschulempfehlung gefordert wurde.[34] Ob diese Empfehlung heutzutage als unmenschlich empfunden wird und zu einer Überforderung der nachwachsenden jungen Generation führt, wäre kritisch zu hinterfragen. Auch in früheren Jahrzehnten mussten sich Generationen von Deutschen bereits in der Schule dem Leistungsdruck unterziehen und so etwas wie „Kuschelecken" war ebenso

---

[33] Auch der Verfasser erlebte selbst, dass seine Eltern sich nicht dazu durchringen konnten, ihren Sohn auf ein Gymnasium in Freiburg nach der vierten Klasse zu schicken. Dies aus krankheitsbedingten Gründen in der damaligen Altersphase.
Der Weg über die "Mittelschule" war naheliegend. Das Abitur auf dem Weg über die damalige Wirtschaftsoberschule war dann auch die "Aufstiegschance" und wurde durch mit eigener Entscheidung gewählt, obwohl in den 60er Jahren eine Berufsausbildung im Dualsystem problemlos möglich gewesen wäre. Es war eine Zeit, in der ein Schüler noch unter mehreren Ausbildungsangeboten im Dualen System wählen konnte. Eine Entwicklung, die in den kommenden Jahren in Deutschland aufgrund des demografischen Wandels sich wiederholen wird.

[34] In der Mittelbadischen Presse vom 18.01.2011 wurde diesbezüglich ein Artikel veröffentlicht mit der Titelzeile "Grundschulempfehlung: Nur Ärger".

unbekannt wie Förder- oder Stützunterricht. Die einschneidende Zäsur in das Leben eines heute in Deutschland aufwachsenden Bildungsbürgers[35] würde jedoch vermieden, wenn eine Gesamtschule bzw. Ganztagsschule nach dem Vorbild Finnlands eingerichtet würde. Dies jedoch mit allen Konsequenzen für den Schüler und sein familiäres und gesellschaftliches Umfeld: Fördern und fordern zugleich. Ein Zurückbleiben auf einer Klassenstufe darf es nicht geben. Auch volkswirtschaftlich gesehen wäre dies ein gravierender Verlust.

Doch seitdem in der aktuellen politischen Situation ab 2010 die Äußerungen der Wirtschaftspolitiker nach einer verstärkten Migration und dem Öffnen der Landesgrenzen für Migranten mit guten beruflichen Qualifikationen wieder Aufwind bekommen, könnte das finnische Modell durchaus zum Vorbild werden. Dort nämlich werden Migrantenkinder nicht nur in der finnischen Sprache unterrichtet, sondern es wird auch Wert darauf gelegt, dass diese Schulkinder „in ihrer Muttersprache, egal ob Deutsch oder Arabisch oder Russisch oder …, zusätzlich unterrichtet und damit gefördert werden". So lautet eines der zahlreichen Statements von Rainer Domisch auf dem Bildungskongress. Für die Zukunft einer Volkswirtschaft wird damit ein bedeutendes Wirtschaftspotenzial erschlossen, obwohl damit ein enormer Kostenfaktor im Bildungswesen entsteht.

---

[35] Damit sind nicht nur junge deutsche Staatsbürger gemeint, sondern auch Migrantenkinder aus anderen Nationen und Kulturen, die in Deutschland die Schule durchlaufen. Wenn man dabei bedenkt, dass Deutschland schon seit geraumer Zeit zu einer multikulturellen Gesellschaft geworden ist, so ist eine bildungspolitische Entscheidung wie diejenige, mit dem 4. Schuljahr die entscheidende Weiche für die Schulkarriere zu stellen, nicht mehr haltbar. In Finnland durchlaufen die Schüler die Primär- bzw. Unterstufe über sechs Schuljahre hinweg.

Folgt man den Äußerungen von Aila-Leena Matthies, so ist in Finnland auch ein deutlicher Unterschied in der gesellschaftlichen Stellung der Schule erkennbar. "Eine wichtige Botschaft der PISA-Studie - gerade aus deutscher Perspektive - ist, dass eine vernünftige öffentliche Versorgung im Bereich Bildung und Soziales eben keine unerträgliche Belastung für die Wirtschaft darstellt. Es hat sich im Gegenteil erwiesen, dass ein hohes allgemeines Bildungsniveau geradezu eine Voraussetzung für eine zukunftsorientierte und flexible Volkswirtschaft ist und zur Überbrückung von Krisen beiträgt (Stichworte: *Green Card* in Deutschland, fehlende Fachkräfte)".[36]

Schöne Worte, denen eigentlich nichts mehr hinzuzufügen wäre, außer: **"Jede Investition in die Bildung ist auch eine Investition in die Zukunft eines Landes"**.[37]

So soll abschließend zu diesem ersten Kapitel noch einer der fünf Grundsätze im Leitbild der Beruflichen Schulen Kehl (BSK) betrachtet werden. Dieser lautet wie auf der folgenden Seite beschrieben:

---

[36] http://www.klinkhardt.de/verlagsprogramm/1678.html vgl. auch:
http://www.bpb.de/gesellschaft/migration/kurzdossiers/57439/die-deutsche-green-card

[37] Abschließende Betrachtung in:
http://www.starke-eltern.de/htm/schule_in_finnland.htm

> **Unsere Schüler erfahren in den BSK die notwendige Förderung, die sie zur beruflichen Qualifizierung befähigen soll.**
> Unser Ziel ist, die Schüler auf ein Leben als mündige Bürger in Gesellschaft und Beruf vorzubereiten. Hierfür erwarten wir die Bereitschaft zur geistigen und handwerklichen Anstrengung, verbunden mit eigenverantwortlichem Arbeiten. Außerschulische Fördermaßnahmen wie Jugendberufshilfe, ausbildungsbegleitende Hilfen und fachlich abgestimmter Stützunterricht ergänzen unser Bildungsangebot. Die enge Zusammenarbeit mit Erziehungsberechtigten, sozialen Einrichtungen und Beratungsstellen ist selbstverständlich.

Ein Grundsatz, den viele Schulen in Deutschland wohl so oder ähnlich auch in ihr Leitbild aufgenommen haben. Von diesem Grundsatz ausgehend ist die Weiterentwicklung bzw. Umstellung auf ein Schulwesen à la Finnland eigentlich naheliegend, auch wenn dies einer Revolution im Bildungswesen der Bundesrepublik Deutschland gleich käme. Warum nicht davon träumen?

Und Deutschland als ein Land ohne nennenswerte Rohstoffe sollte alles daran setzen, ein Land zu bleiben, das durch gute Bildung und Ausbildung auch zukünftig das technische „know-how" über den volkswirtschaftlichen Produktionsfaktor Arbeit sichert und damit auch die **Wettbewerbsfähigkeit** der deutschen Volkswirtschaft garantiert.

Irrtum Nummer zwei: Bildung soll umsonst sein

Mit der Schlagzeile „Meilenweit von der Spitze entfernt"[38] wird auch in der Kehler Tageszeitung der erneut kritische OECD-Bildungs-bericht[39] 2009 wieder in die Öffentlichkeit gebracht. Danach betragen in Deutschland die Bildungsausgaben nur 4,7 Prozent des Bruttoinlandsprodukts (BIP).[40] Eine Zahl, die deutlich unter dem OECD-Durchschnitt von 6,2 Prozent liegt, verbunden mit der Feststellung, dass nur die Slowakei, Tschechien und Italien weniger in die Bildung investieren als Deutschland. Nach Einschätzung der OECD bildete Deutschland auch 2008/2009 mit 36% Studienanfängern (in Prozent des typischen Jahrgangs von Studienanfängern) an Hoch- und Fachhochschulen

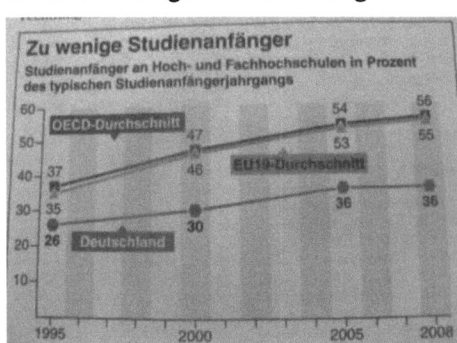

---

[38] Meldung in "Kehler Zeitung" – Mittelbadische Presse, 08.09.2010 (siehe oben: Ausschnitt aus dem Zeitungsartikel)

[39] vgl. auch dazu: http://www.rp-online.de/panorama/deutschland/Deutschlands-Bildungsausgaben-katastrophal_aid_755215.html

[40] BIP = Bruttoinlandsprodukt; eine Meßgröße, die die Summe der jährlich in einer Volkswirtschaft geschaffenen Werte in Form von Gütern und Dienstleistungen über alle Sektoren und Wirtschaftsbereiche, eingeschlossen die staatlichen Wertschöpfungen, umfasst. Im Jahr 2009, fiel das deutsche BIP aufgrund der Wirtschafts- und Finanzkrise auf 2.374 Mrd. EURO, im Jahr 2013 waren es bereits wieder 2.737 Mrd. EURO. Vgl. dazu: http://www.economic-growth.eu/Seiten/AktuelleDaten/Daten2009.html
und
http://de.statista.com/themen/26/bip/

noch immer zu wenig hochqualifizierte Akademiker aus.

Hierbei wäre kritisch anzumerken, dass in Deutschland jedes Jahr hochqualifizierte Facharbeiter über die Duale Berufsausbildung für viele anspruchsvolle Berufe rekrutiert werden. Nach der Ausbildung zum „Gesellen" in einem gewerblichen Beruf oder über die kaufmännische Ausbildung im Bereich von Produktion/Industrie, Handel, Verkehr, Dienstleistungen zum „Kaufmannsgehilfen" ist für den beruflichen Aufstieg eine berufsbegleitende Qualifizierung zum Meister oder zum Diplom-Fachwirt jederzeit möglich. Und es darf festgestellt werden, dass in Deutschland auch über nicht-universitäre Bildungswege wertvolle Fachkräfte ausgebildet werden, die in der Praxis konkurrieren können mit akademisch ausgebildeten Hochschulabsolventen.

Aber nicht nur im Jahr 2010 liegt Deutschland hinsichtlich seiner Ausgaben für die Bildung bei den OECD-Statistiken deutlich zurück. So lautete das Fazit einer Untersuchung des Instituts der deutschen Wirtschaft (IW) im Jahr 2003, dass die Leistungen qualitativ wie quantitativ unzureichend seien "...und den Herausforderungen einer Wissensgesellschaft nicht gerecht werden".[41]

Und mit einem Blick auf die OECD-Statistik aus dem Jahr 2001 wird ebenfalls deutlich, dass Deutschland hinsichtlich seiner Ausgaben für die Bildung auch damals im internationalen Ländervergleich nicht über einen Mittelplatz hinauskam. Somit lässt sich festhalten, dass Deutschland als ein ökonomisch reicher Staat im Verhältnis zu seinem volkswirtschaftlichen Pro-Kopf-Reichtum eine relativ niedrige Quote an Bildungsausgaben aufweist.[42]

Bildungsausgaben
Öffentliche Ausgaben in Prozent des Bruttoinlandsprodukts

Land	%
Dänemark	7,2
Südkorea	7,0
Island	6,9
Norwegen	6,9
Schweden	6,8
Österreich	6,4
USA	6,4
Frankreich	6,2
Kanada	6,2
Schweiz	5,9
Finnland	5,7
Portugal	5,7
Australien	5,5
Deutschland	5,5
OECD-Durchschnitt	5,7

Quelle: OECD, Bildung auf einen Blick 2001

---

[41] http://www.spiegel.de/unispiegel/studium/0,1518,256508,00.html

[42] Mehr über die Bildungsausgaben im internationalen Vergleich in dieser Zeit (2003) ist der Publikation von Dr. M.G. Schmidt, Professor für Politische Wissenschaft an der Ruprecht-Karls-Universität Heidelberg zu entnehmen. Vgl. dazu:
http://www.bpb.de/publikationen/CSELQR,0,Ausgaben_f%FCr_Bildung_im_internationalen_Vergleich.html#footer

Und auch in einem neueren Ländervergleich aus dem Jahr 2011 ergeben sich durch die Zahlenwerte für die Bildungsausgaben (öffentlich und privat), dass Deutschland mit 5,1% immer noch weit unter dem OECD-Durchschnitt von 6,1% gemessen am BIP liegt. An der Spitze liegen Staaten wie Dänemark, Island, Südkorea, Neuseeland, Norwegen und Israel mit über 7%, gefolgt von Chile, USA, Kanada, Belgien, Finnland, Vereinigtes Königreich, Schweden, Irland, Niederlande, Mexiko, Frankreich, die eine Quote von über 6% aufweisen und alle über dem OECD-Durchschnitt des Jahres 2011 liegen.[43]

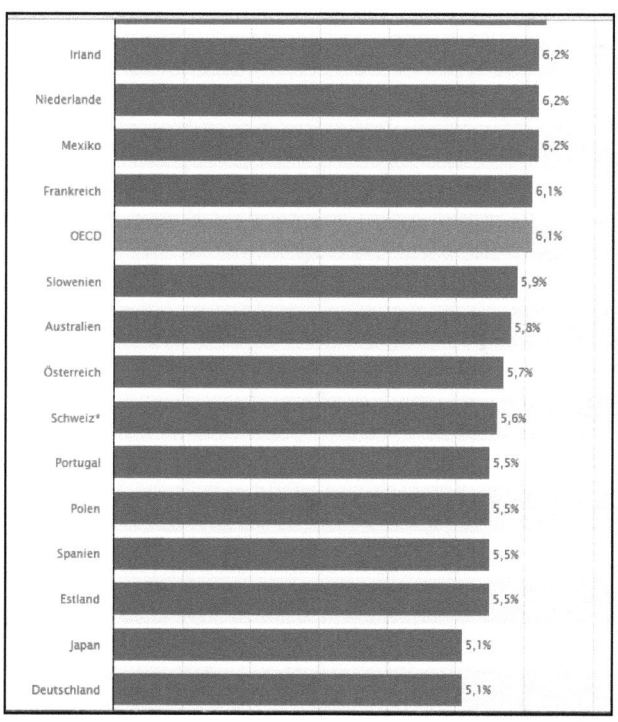

---

[43] Vgl dazu die Statistik von:
http://de.statista.com/statistik/daten/studie/37109/umfrage/ausgaben-fuer-bildung-in-prozent-des-bip/

Auch aus dem Bildungsbericht 2010, eine umfassende Dokumentation im Auftrag der Ständigen Konferenz der Kultusminister der Länder in der Bundesrepublik Deutschland und des Bundesministeriums für Bildung und Forschung,[44] geht deutlich hervor, dass Deutschland noch immer zu wenig Geld für die Bildung ausgibt und die frühkindliche Förderung deutlich ausgebaut werden müsse.[45]

Aus dem Bildungsbericht 2010 ist ferner ersichtlich, dass für das Erreichen des politisch gesetzten Ziels, 10 % des BIP für Bildung **und** Forschung aufzuwenden, noch erhebliche Anstrengungen notwendig sind. Im Jahr 2007 waren es 8,4% des BIP, davon entfielen auf die Bildung 147,8 Milliarden Euro, die einen Anteil von 6,1 % am BIP ausmachten. Dabei dominierte der Schulbereich mit 52,0 Milliarden Euro für allgemeinbildende Bildungsgänge, mit 8,7 Milliarden Euro für berufliche Bildungsgänge und 12,6 Milliarden Euro für den Elementarbereich. Der Rest entfiel auf den Tertiärbereich, die Schülerbeförderung, übrige Bildungsausgaben in internationaler Abgrenzung, sonstige Bildungsausgaben in nationaler Abgrenzung und betriebliche Ausbildung im dualen System.

---

[44] vgl. Bildungsbericht 2010,S. 6, S. 30 ff., der die Werte für 2007 wiedergibt. Inzwischen liegt auch der Bildungsbericht für 2012 und 2014 vor. Siehe unter: http://www.bildungsbericht.de/
Aus dem Bildungsbericht von 2014 ergibt sich, dass die Bildungsausgaben im Jahr 2012 zwar mit 6,6% höhere Werte als die in den OECD-Statistiken (vgl. Seite 29 bis 31) ausweisen, jedoch Deutschland vom politisch gesetzten Ziel von 10% für Bildungs- und Forschungsausgaben noch meilenweit entfernt ist.

[45] Aktueller Artikel aus ZEIT-ONLINE, siehe unter:
http://www.zeit.de/gesellschaft/zeitgeschehen/2010-06/bildung-ausgaben-schueler

Diesen Sachverhalt verdeutlicht die nachfolgende Abbildung:[46]

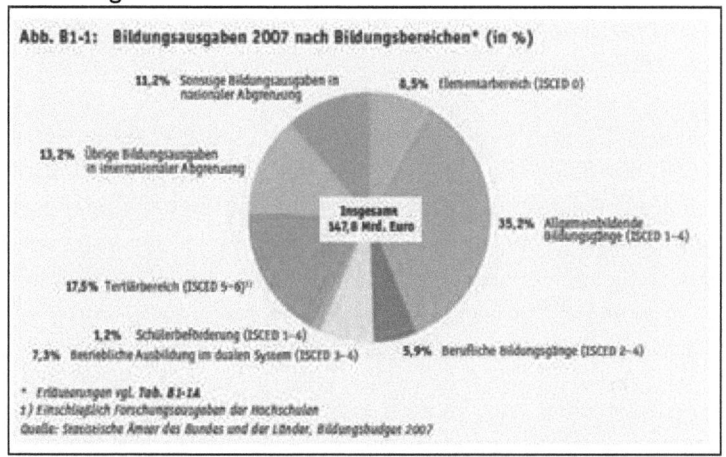

Ein positives Bild zeichnet der Bericht hinsichtlich der Ausgaben je Schülerin und Schüler im Vergleich von 1995 bis 2007, wobei diese in den östlichen Flächenländern

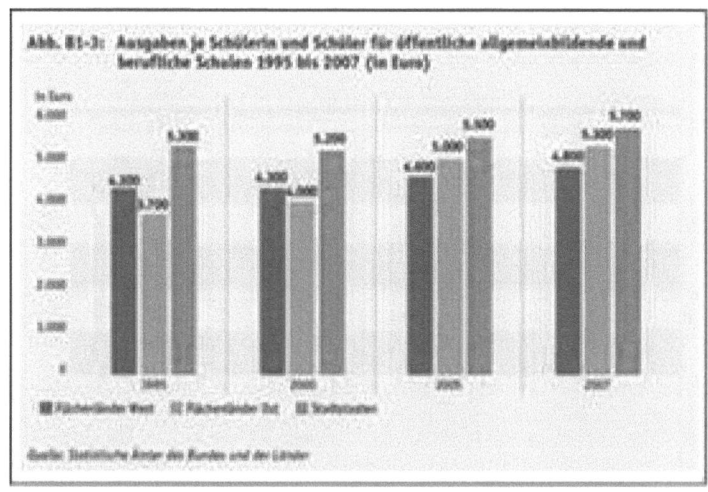

---

[46] Bildungsbericht 2010, Seite 31, Abb. B1-1

aufgrund der demografischen Entwicklung real stärker zunahmen, in den Flächenländern West und den Stadtstaaten jedoch nicht die Preisveränderungen ausgleichen konnten.

Wie sieht es nun mit dem Irrtum aus, dass Bildung umsonst sein soll? Für alle Volkswirtschaften dieser Welt gilt, dass Bildung Geld kostet. Wer finanziert diese Bildung? Da dieses Gut Bildung ein „öffentliches Gut" und in der volkswirtschaftlichen Fachsprache als ein „kollektives Gut" eingestuft wird, muss dieses in Deutschland wie auch in vielen anderen Volkswirtschaften der Staat finanzieren.

Im Mittelalter war Bildung ein privates Gut, das sich nur diejenigen leisten konnten, die vermögend waren. Insofern ist die Forderung, vornehmlich von parteipolitisch linksorientierten Zeitgenossen verständlich: **Bildung soll umsonst sein. Volkswirtschaftlich** ist dieses Denken jedoch **falsch**. Der Staat muss jeden Euro an Bildungsausgaben[47] durch Steuern, Gebühren und Abgaben finanzieren. 2007 waren dies in Deutschland 147,8 Mrd. Euro. Eine gewaltige Summe, weit größer als der Etat eines kleinen Landes wie Guatemala oder anderer mit Guatemala vergleichbaren Staaten.

---

[47] Der Begriff Bildungsausgaben ist im Bildungsbericht 2010 Seite 33 wie folgt definiert:
Bildungsausgaben umfassen Personalausgaben (einschließlich Beihilfen und Sozialversicherungsbeiträgen), Sachaufwand, Investitionsausgaben und unterstellte Sozialbeiträge für die Altersversorgung der im Bildungsbereich aktiven Beamten nach dem Konzept der volkswirtschaftlichen Gesamtrechnungen. Nicht enthalten sind Abschreibungen, Finanzierungskosten, Ausbildungsvergütungen, Personalausfallkosten der Weiterbildungsteilnehmer im Rahmen der betrieblichen Weiterbildung und die Versorgungszahlungen für im Ruhestand befindliche ehemalige Beschäftigte des Bildungsbereichs. Im Rahmen der Bildungsförderung werden öffentliche Ausgaben für BAföG, Umschulungen, Schülerbeförderung u. a. nachgewiesen. Falls nicht unmittelbar erwähnt, werden die Ausgaben in den jeweiligen Preisen angegeben.

Im Bildungsbericht wird die Finanzierung wie folgt erläutert: „Rund vier Fünftel der gesamten Bildungsausgaben wurden 2007 von Bund, Ländern und Gemeinden aufgebracht, das restliche Fünftel von Privathaushalten, Organisationen ohne Erwerbszweck und Unternehmen sowie vom Ausland. Der Bund finanzierte verteilt über alle Bildungsbereiche 11% der Bildungsausgaben. Auf die Länder entfielen 53%, auf die Gemeinden 15%. Vor allem im Elementarbereich spielt die Finanzierung durch die Gemeinden mit 47% eine große Rolle. Während Schulen und Hochschulen in erster Linie vom Staat finanziert werden, ist die Weiterbildung in wesentlichen Teilen privat finanziert." [48]

Dazu folgende Abbildung: [49]

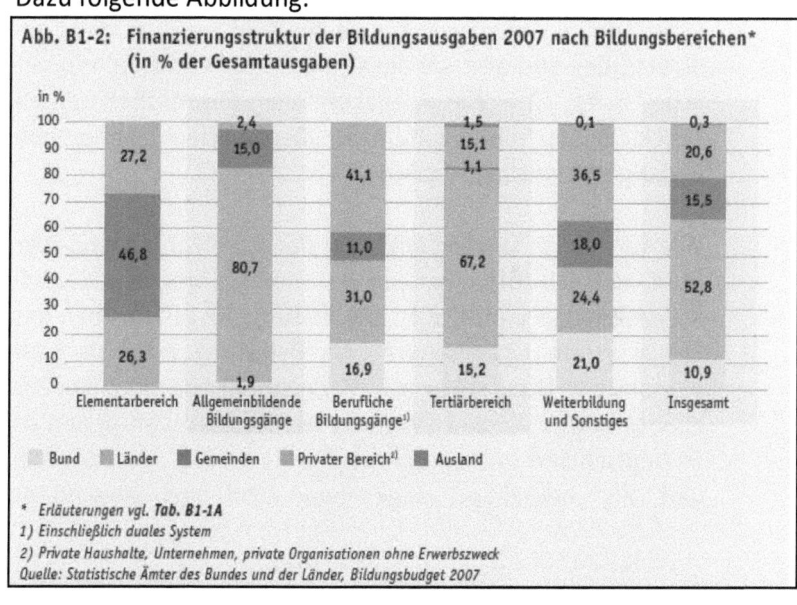

---

[48] Bildungsbericht 2010, S. 31

[49] Vgl. Bildungsbericht 2010, Seite 31, Abb. B1-2

Wenn Bildung also Geld kostet, viel Geld sogar, warum wird dann dieses Gut „Bildung" in Deutschland so wenig geschätzt? Weniger als das Gut „Gesundheit" oder das Gut „Reisen" oder das Gut „Unterhaltung"? Man erinnere sich hier an den im Volksmund bekannten Slogan: **Was nichts kostet, ist nichts wert.** Hier wird deutlich, dass es volkswirtschaftlich gesehen unsinnig ist so zu denken, dass Bildung nichts kosten darf. Viele Milliarden, die in Deutschland der Staat für die Bildung ausgibt, werden in anderen Nationen[50] nicht durch den Staat finanziert sondern durch diejenigen, die das Bildungssystem dort zugunsten der Zukunftschancen ihrer Nachkommen beanspruchen. In der Regel sind dies die Angehörigen der Oberschicht und - sofern es diese gibt - die Aufsteiger aus der Mittelschicht eines Landes.[51] Finanziert wird die Bildung dort nicht indirekt über Steuern, sondern in direkter Form als monatliche oder jährliche Ausgaben der Elternschaft durch Schulgeld, die die Angehörigen dieser Schicht an private Bildungseinrichtungen zahlen.

Wie werden in Deutschland von der Bevölkerung und dies über alle Schichten hinweg die Finanzierung der Staatsausgaben und damit auch die Bildungsausgaben über das Steuersystem empfunden? Als Belastung oder als Notwendigkeit? Oder sogar als „Vorleistung" für die Zukunftschancen ihrer Kinder? Werden die Steuern, von denen es in Deutschland noch immer mehr als dreißig verschiedene gibt, als „berechtigt" angesehen? Und dies, obwohl es

---

[50] Der Verfasser konnte in mehrjährigem Auslandsaufenthalten als Lehrkraft im Auslandsschuldienst in Brasilien und in Guatemala Einblicke in deren Steuersysteme und Finanzierung von Bildungsausgaben nehmen.

[51] Auf schichtenspezfische und soziologische Probleme eines Landes soll an dieser Stelle nicht eingegangen werden.

heute keine Zweckgebundenheit mehr gibt, d.h. die Einnahmen aus der Biersteuer und der Sektsteuer müssen nicht zwingend in die Ausgaben für die Bildung fließen. Kann auch zukünftig davon ausgegangen werden, dass in allen Bevölkerungsschichten die steuerfinanzierten Ausgaben für die Bildung als **zwingend notwendig** angesehen werden? Sollen die Ausgaben für die Bildung von der Allgemeinheit finanziert werden, weil die Bildung ein „**kollektives Gut**" darstellt?

Hier stellt sich die nächste Frage: Wie kann es das derzeitige Steuersystem in Deutschland ermöglichen, dass die Ausgaben für Bildung **und** Forschung 10 % des BIP erreichen? Wer dieses Steuersystem mit seinen über 30 verschiedenen Steuern (Stand laut Steuerspirale 2011) [52] - darunter vielen Bagatellsteuern - kennt, der weiß, dass dieses Steuersystem

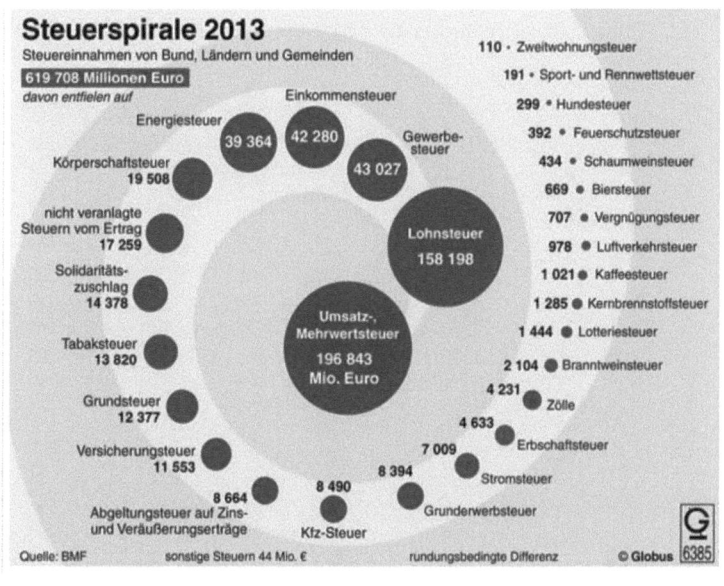

---
[52] http://www.steuerkanzlei-chwatal.de/hwissen/steuerspirale.htm

archaisch[53] und mittelalterlicher Natur ist. Ein Steuersystem, das es nicht erlaubt, zusätzliche neue Steuern einzuführen, es sei denn, dass alte Steuern abgeschafft werden.[54] Ein Steuersystem, das sich auf der Einnahmenseite zyklisch zur Konjunkturentwicklung verhält und in dem die Wirtschafts- und Finanzkrise der Jahre 2008/2009 riesige Löcher in den Haushalten von Bund, Ländern und Gemeinden verursachte. Eine Krise, die Ende 2011 trotz deutlich besserer Konjunktur noch nicht bewältigt ist.[55] Und es wäre eigentlich seit Jahren bzw. seit Jahrzehnten, für alle Regierungen dringend anzuraten, die Einnahmen im Konjunkturaufschwung für die Tilgung der bestehenden Schulden zu verwenden und den Schuldenberg nicht an die künftigen Generationen als Erbe weiterzureichen.

Wie also sollte es möglich sein, mit dem aktuell bestehenden deutschen Steuersystem die Ausgaben für Bildung **und** Forschung auf 10 % des BIP zu erhöhen? Eigentlich ist dies

---

[53] Es dürfte unmöglich sein, im Schnellverfahren dieses in Deutschland komplizierte Steuerrecht bzw. Steuerdschungel zu durchschauen. Mehr an Kritik zum deutschen Steuersystem, siehe:
http://www.sueddeutsche.de/politik/kritik-von-koehler-kompliziertes-steuersystem-1.184813
Vgl. auch: http://www.bpb.de/izpb/147080/unser-steuersystem?p=all

[54] So wurde in den letzten Jahren die aus dem Mittelalter stammende Salzsteuer abgeschaft, zwischenzeitlich gab es so etwas wie eine Alcopopsteuer, neuerdings gibt es eine Luftverkehrssteuer. Der Gesetzgeber ist erfindungsreich, wenn es um neue Namen geht; Hauptsache: Geldeinnahmen fließen zur Freude der Politiker, die auch an eine Abschaffung des "Solidaritätszuschlages" nicht denken wollen.

[55] So ist laut einer Meldung in der Kehler Zeitung (Mittelbadische Presse) vom 13.09.2010 von Seiten der inzwischen verstaatlichten Hypo Real Estate (HRE) ein weiterer Finanzbedarf von zusätzlichen 40 Milliarden Euro an Staatsbürgschaften engefordert worden. Und auch im Jahr 2012 ist der Name HRE noch nicht aus den Schlagzeilen. Und neue Probleme mit der Griechenland- und Spanienkrise kamen nicht nur für Deutschland hinzu.

nur lösbar, wenn andere Ausgaben des Staates deutlich gesenkt werden oder eine neue Steuer eingeführt wird. Zum Beispiel eine „**Bildungssteuer**", um dieser Idee einen Namen zu geben. Denkbar wäre auch die Erhöhung bereits bestehender Steuern, um neue Einnahmen zu erschließen. Nach der Erhöhung der Umsatzsteuer von 16 % auf 19 % vor wenigen Jahren wäre es durchaus denkbar, dass diese in Deutschland auf einen noch höheren Satz von 20% oder 21% angehoben würde. Damit würde diese noch immer unter den Prozentsätzen der skandinavischen Länder liegen. Auf die Problematik, dass eine Erhöhung der Umsatzsteuer in größtem Maße unsoziale Folgewirkungen mit sich bringt, soll hier nicht eingegangen werden. Ebenso wenig auf die Problematik, dass der Steuersatz von 7 % bei der Umsatzsteuer auf viele Produkte und Dienstleistungen im Jahre 2010 unverändert besteht bzw. sogar gesenkt wurde.[56] Oder sollte die derzeit diskutierte neue Steuer auf Brennelemente[57] die zusätzlichen Milliarden für die Bildung aufbringen? Denkbar, da es schon seit Jahren keine Zweckgebundenheit der Steuern mehr gibt. Aber die schon lange diskutierte Transaktionssteuer[58] wäre hier eine weit bessere

---

[56] Der ermäßigte Umsatzsteuersatz von 7 %, erhoben auf Produkte wie beispielsweise Druckerzeugnisse, viele Grundnahrungsmittel und andere Produkte und Dienstleistungen, z.B. auch Mineralbäder, ist volkswirtschaftlich gesehen schwer nachvollziehbar bzw. uneinsichtig.

[57] gemeint ist damit die im August 2010 in die Diskussion gebrachte neue Steuer für die Atomkraftwerke anstelle einer Abgabe auf Brennelemente, inzwischen auch als Kernbrennstoffsteuer eingeführt – vgl. Steuerspirale 2013 auf Seite 41 und:
http://de.wikipedia.org/wiki/Kernbrennstoffsteuer

[58] früher: Börsenumsatzsteuer, die jedoch in der Gestaltung mit der neuen, schon lange von Experten gewünschten Transaktionssteuer nicht identisch ist. Diese Transaktionssteuer wurde bereits 1972 vom US-Wissenschaftler James Tobin vorgeschlagen, vgl. dazu:
http://de.wikipedia.org/wiki/Tobin-Steuer Eine dringend notwendige Steuer, um das Spekulieren an den Finanzmärkten zumindest einzudämmen.

Lösung, da die Berechnungen von Steuerexperten zeigen, dass mit dieser Steuer viele zusätzliche Milliarden in die Staatskassen gespült würden.[59]
Ebenso wichtig wie die gesicherte und nachhaltige Finanzierung der Bildungsausgaben wäre es, im 21. Jahrhundert eine Richtungsänderung im Bewusstsein der Bevölkerung derart herbeizuführen, dass Bildung den gleichen oder einen höheren Stellenwert einnimmt als „Reisen", „Freizeit" oder „Gesundheit".[60] Eine denkbare Lösung, die politisch angegangen werden müsste und mit gesetzlichen Änderungen verbunden wäre, könnte so lauten: Die Bildung an staatlichen Schulen wird mit der **Erhebung eines Schulgeldes**[61] verbunden. Damit würde sich die Einführung einer Bildungssteuer oder die Erhöhung anderer Steuern erübrigen.

---

[59] Die Abschöpfung von Spekulationsgewinnen durch geringe Margen und damit die Eindämmung der Gefahren für die Realwirtschaft aus der Finanzwelt durch ungezähmtes Spekulieren wäre ein weiterer positiver Effekt solch einer Transaktionssteuer.

[60] Diese Aufzählung ist nicht erschöpfend und es dürfen weitere Individualbedürfnisse herangezogen werden.

[61] Dass hier der Kulturföderalismus und die Kulturhoheit der sechzehn Bundesstaaten einschließlich der Stadtstaaten ein besonderes Problem darstellen dürfte, soll nicht verkannt werden. Hier ist jedoch nicht der Raum zur Diskussion des Für und Wider einer Abschaffung der Kulturhoheit der Bundesländer.

Bei der Betrachtung der Schulgeld-Quittung[62] aus dem Jahr 1915 wird deutlich, dass in früheren Jahren das Schulgeld, hier für einen Realschulbesuch, üblich und angebracht war. Bildung kostete nicht nur im Mittelalter sondern auch bis 1933 nicht nur in den Volksschulen und den Realschulen Schulgeld. Erst mit dem Entstehen der Sozialen Marktwirtschaft wurde das Schulgeld auch für die Gymnasien Ende der 50er-Jahre abgeschafft.

Angenommen es würde ein monatliches Schulgeld von 100 Euro[63] für ein schulpflichtiges Kind erhoben, so könnte dies in einer Zeit, in der jedem bewusst werden sollte, dass nicht mehr alle sozialen Wohltaten der 60er und 70er Jahre problemlos finanzierbar sind, einen ersten Einstieg bilden für ein Umdenken, dass Bildung umsonst ist.[64]

Sicherlich erhebt sich dabei die Frage: Von welchen Bevölkerungsschichten wird dieses Schulgeld für den Besuch von staatlichen Schulen erhoben? Die Oberschicht und die Mittelschicht damit belasten und die Unterschicht[65] frei-

---

[62] Eine Quittung aus dem Jahr 1915. Vgl. dazu:
http://de.wikipedia.org/wiki/Schulgeld

[63] Der Wert von 100 €uro ist beliebig angenommen und könnte auch auf 50 Euro, 150 €uro oder auf beliebige Zwischenwerte lauten

[64] Schulgelder sind nicht nur an den Privatschulen im Ausland üblich, sondern auch an europäischen Schulen, jedoch nicht an den Grund- und Hauptschulen, den Realschulen, Gymnasien und Berufsschulen, die in staatlicher Trägerschaft in Deutschland stehen. Seit dem Jahr 2009 gilt auch, dass Schüler bzw. Schulkinder, deren Eltern Hartz IV Leistungen beziehen, 100 Euro zusätzlich als Schulstarter-Paket bekommen, gedacht für Lernmaterialien.
Vgl.: http://www.sozialhilfe24.de/news/306/hartz-iv-schulkinder-schueler-erhalten-100-euro-schulstarterpaket/

[65] Zu soziologischen Begriffen und Problemen der Abgrenzung von Oberschicht, Mittel- und Unterschicht siehe:
http://de.wikipedia.org/wiki/Sozialstruktur

stellen von der Belastung mit 100 Euro für jedes schulpflichtige Kind? Wäre dies eine sinnvolle Lösung?

Der Aufschrei, der von den Eltern aus vermutlich allen soziologischen Schichten kommen dürfte, könnte Politiker, die an ihre Wiederwahl denken, davon abhalten solche Regelungen einzuführen. Denkbar wäre jedoch, die Schulgeldbelastung so zu regeln, dass die Summe der gezahlten Schulgelder im Folgejahr bei der jährlichen Einkommensteuer als abzugsfähig zugelassen wird, jedoch nicht als Werbungskosten, sondern in voller Höhe als Abzug an der zu zahlenden Einkommensteuer. Damit wäre die einzige Belastung aller Eltern darin zu sehen, dass sie dem Staat pro Jahr 1.200 Euro als zinslose Vorauszahlung überlassen, um danach wieder voll „entlastet" zu werden. Ein „Aufschrei" von Elternseite wäre insofern nicht berechtigt.

Eine aktuelle und sozialpolitische Frage von größter Brisanz ist damit jedoch noch nicht beantwortet. Nämlich die Frage: Wie kann vermieden werden, dass Kinder aus Hartz-IV-Familien durch die Erhebung eines Schulgeldes be-

---

http://de.wikipedia.org/wiki/Mittelschicht
http://de.wikipedia.org/wiki/Neue_Unterschicht
 Ob Eltern der Unter- und Mittelschicht ihre Kinder auf Privatschulen teilweise auch ins Ausland schicken können und den Fiskus an diesen Kosten beteiligen, mag mehr als zweifelhaft sein.
Vgl.: http://www.focus.de/finanzen/steuern/tid-6939/privatschulen_aid_67703.html

nachteiligt werden?⁶⁶ Und wer aufmerksam die politische Diskussion zwischen den Parteien verfolgte, muss feststellen dass sich die regierenden Parteien schwer tun, die Regelsätze für die Empfänger von Hartz-IV-Leistungen um fünf oder ein paar Euro mehr zu erhöhen. Dies in einem Land, in dem Milliarden an Steuergeldern zur Rettung des Bankensystems aufgebracht bzw. für Rettungsschirme anderer EU-Staaten bereitgestellt werden. Soll die Zusicherung der Politiker, Kinder aus Hartz-IV-Familien bildungspolitisch nicht zu benachteiligen,⁶⁷ umgesetzt werden, würde dies bedeuten, dass solche Familien von der Einführung eines staatlichen Schulgeldes freigestellt werden müssen.

Hartz IV: Zweifel bleiben

---

⁶⁶ http://www.news.de/politik/855029220/sind-hartz-iv-kinder-benachteiligt/1/?igpage=2
„Gerhard Schröders Agenda 2010 hat die Republik verändert: Durch Hartz IV wurden die Arbeitslosenhilfe abgeschafft, Zeitarbeit und Minijobs liberalisiert und die Sozialämter mit den Arbeitsagenturen zusammengelegt. Bis heute streiten die Deutschen über die Reform - und darüber, was man Arbeitslosen zumuten kann."
Siehe dazu: http://www.spiegel.de/thema/arbeitslosengeld_ii/

⁶⁷ Vgl. die Argumentation im Artikel: Hartz IV – Zweifel bleiben, Mittelbadische Presse vom 22.02.2011 (Foto). Zum Bildungserfolg wird dort nämlich festgestellt, dass in kaum einem anderen Industriestaat der Bildungserfolg eines Kindes so abhängig ist wie in Deutschland von seiner sozialen Herkunft. Siehe auch den Bericht der Bertelsmann-Stiftung: http://www.bertelsmann-stiftung.de/cps/rde/xchg/bst/hs.xsl/nachrichten_116881.htm

Bei Recherchen im Internet ist leicht festzustellen, dass eine Befreiung vom Schulgeld an verschiedenen Schulen, auch an Privatschulen und in unterschiedlichen Bildungsgängen nicht nur die Ausnahme sondern eher die Regel darstellt.[68] So müsste der zusätzliche bürokratische Aufwand für die Schulgeldbefreiung der Kinder aus Hartz-IV-Familien sich in Grenzen halten. Die Verwaltung von Hartz-IV-Empfängern musste und wurde in der Vergangenheit bewältigt und zählt zu den Aufgaben eines Sozialstaates.

Die Frage der Steuergerechtigkeit stellt sich dann jedoch für diejenigen Familien, deren Einkommen knapp oberhalb der Hartz-IV-Sätze liegen und die folglich relativ stärker belastet würden als Familien der gehobenen Mittelschicht oder der Oberschicht und die nicht von den Vorauszahlungen für Schulgeld befreit würden.

Eine weitere wichtige Frage im Zusammenhang mit der Nutzung von Bildung wäre: **Abschaffung der Lernmittelfreiheit?** [69] Der Verfasser erinnert sich daran, dass es in seiner Schulzeit normal und üblich war, die Schulbücher selbst zu bezahlen. Damals oft so, dass die Schulbücher aus dem vorangegangenen Schuljahr für einen „angemessenen" Preis von den Schülern aus aufgestiegenen Klassen abge-

---

[68] Weitere Informationen, Anfragen und Regelungen hinsichtlich Schulgeldbefreiungen findet man in dieser oder ähnlicher Art

wie: http://www.gutefrage.net/frage/schulgeldbefreiung-in-baden-wuerttemberg und:
http://www.juraforum.de/forum/sozialrecht/schulgeldbefreiung-385256
Anmerkung: Die Lernmittelfreiheit wurde in einigen Bundesländern zumindest teilweise bereits abgeschafft, jedoch noch nicht in Baden-Württemberg

[69] http://de.wikipedia.org/wiki/Lernmittelfreiheit
und http://www.schule-bw.de/service/schulbuchlisten/

kauft wurden, besonders wenn es sich um Standardschulbücher handelte. Damals war es noch nicht so, dass die Auflagen jährlich wechselten. Die Bücher für Deutsch, Mathematik, Sprachen und andere Fächer waren oft über einige Jahre hinweg gültig. Die Lehrpläne änderten sich nicht so schnell wie heutzutage. Obwohl die Eltern aus der Mittelschicht damals im Normalfall nicht begütert oder vermögend waren, so wurden die Ausgaben für neue oder gebrauchte Schulbücher doch als notwendige und dringliche **Investition in die Zukunft der eigenen Kinder** angesehen. Die **Wohltaten der Sozialen Marktwirtschaft** waren damals noch nicht angekommen und sorgten noch nicht für das Anspruchsdenken der heutigen Zeit. Würde jedoch die Lernmittelfreiheit abgeschafft, wie dies bereits in einigen Bundesländern der Fall ist, so würden sicherlich Millionen von EURO an Steuergeldern eingespart.

In vielen Jahren meines beruflichen Wirkens habe ich oft feststellen müssen, dass nicht alle Schüler ihre im **Leihsystem** überlassenen Bücher sorgfältig behandeln und dass viele dieser Schulbücher bereits nach kurzer Zeit außerordentlich abgenutzt, beschriftet oder schlicht so „be-

schädigt" sind, dass diese nicht mehr problemlos an die nächsten Klassen ausgeteilt werden konnten. Mit der Abschaffung der Lernmittelfreiheit könnten die Schüler jedoch **ihre Bücher** als sinnvolles **Arbeitsmittel** benutzen, da sie dann rechtlich nicht nur Besitzer sondern auch Eigentümer sind. Darin Wichtiges anstreichen, markieren, Notizen eintragen - und überhaupt – das Buch als Lern- und Arbeitsbuch zu benutzen, stellt quasi eine „**Ultima Ratio**" dar.

Auch der Übergang auf ein „**Bonussystem**" bei dem die Länder einen Teil der Schulbücher finanzieren, dürfte in deren Haushalten zu enormen Einsparungen führen. Und die Frage der Belastbarkeit von Kindern aus Hartz-IV-Familien ließe sich ähnlich wie bei der Frage des Schulgeldes regeln: Eine generelle Freistellung, wenn bestimmte Einkommensgrenzen nicht überschritten werden.[70]

Zusammenfassend: Es muss ein Umdenken in den Köpfen stattfinden und zwar derart dass Bildung nicht umsonst ist und dass alle Bildungsausgaben finanziert werden müssen aus Steuern, Abgaben und Gebühren. Richtig „**wertgeschätzt**" wird nur das, was etwas kostet.[71]

Die ausschließlich indirekte Belastung der Bürger mit Steuern zur Finanzierung der Bildungsausgaben ist abzulehnen und die Erziehungsaufgabe, die die Schule außer ihrer eigentlichen Bildungsaufgabe zu erfüllen hat, würde

---

[70] Dies allerdings würde wiederum bedeuten, dass der Staat jedes Jahr die Freigrenzen kontrollieren und gegebenenfalls anpassen muss. Damit wieder das Problem: wie hoch darf der Verwaltungsaufwand sein?

[71] Eine schwäbische Binsenweisheit, die wohl auch Einstein erkannte, siehe: http://www.aphorismen.de/zitat/131660

durch die volle oder teilweise Anschaffung von Schulbüchern mit eigenen Mitteln zumindest unterstützt, damit auch eine Erziehung zu mehr Eigenverantwortung. Ob damit die Bildungschancen herabgesetzt werden[72] ist zumindest dann ausgeklammert, wenn Kinder aus einkommensschwachen Familien von diesen Belastungen freigestellt werden und wie bisher unverändert von der Lernmittelfreiheit Gebrauch machen können. Eine „Zweiklassengesellschaft" darf dadurch aber nicht entstehen. Jedoch ist die Forderung der Partei „Die Línke" [73] für eine gebührenfreie Bildung von der Kita bis zur Uni als volkswirtschaftlicher Unsinn abzulehnen.

---

[72] http://www.landtag-bw.de/wp14/drucksachen/2000/14_2612_d.pdf

[73] Mehr über diese Partei unter: http://www.die-linke.de/die-linke/aktuell/

Irrtum Nummer drei: Du Vater Staat, sorge für moderne Schulbauten oder saniere die bestehenden – und die Bildung funktioniert!

Die große Finanz- und Wirtschaftskrise des Jahres 2009 sorgte dafür, dass nicht nur die Automobilindustrie von den Geschenken des Staates durch die Abwrackprämie[74] begünstigt wurde, sondern dass auch das Handwerk mit Aufträgen zur Sanierung schadhafter Schulbauten überhäuft wurde. Davon profitierten auch die Beruflichen Schulen Kehl (BSK) und konnten die schon lange geplanten energetischen Maßnahmen zur Verbesserung der Dämmung an ihren Außenfassaden und damit der Einsparung von Heizungskosten durchführen.

Das Konjunkturpaket 2009/2010 zielte jedoch weniger in die Richtung einer Qualitätsverbesserung der Bildung in staatlichen Schulen als vielmehr in Richtung Konjunkturstützung, bedingt durch die große wirtschaftliche Depres-

---

[74] Vgl.: http://www.spiegel.de/politik/deutschland/0,1518,599377,00.html

sion als Folge der Finanzkrise. Als „Zukunftsinvestitionen" der öffentlichen Hand sollten bis Ende 2010 rund 10 Mrd. Euro in den Bildungsbereich bei Kindergärten, Schulen und Hochschulen, aber auch für die Infrastruktur (Verkehr, Krankenhäuser, Städtebau und Informations-technologie) fließen. In beiden Investitionsschwerpunkten sollten diese Maßnahmen zur Verringerung der CO_2-Emissionen und zur Steigerung der Energieeffizienz beitragen.[75] Und trotz der damit einhergehenden deutlichen Zunahme der Neuverschuldung des Bundes segnete auch die EU dieses Konjunkturpaket ab.[76]

Können wir jedoch bei solchen Baumaßnahmen, die einzelne Schulräume verbessern oder erst recht bei modernen Neubauten, wie dies in Kehl für die neue Tulla-Realschule[77] im Jahr 2006 umgesetzt wurde, davon ausgehen, dass dies die Qualität der Bildung regional oder örtlich sichert und garantiert?

∧ Unsere Schule wurde 1954 gegründet. Seit dem Schuljahr 2006/2007 sind wir eine **Ganztagesschule**.

Werfen wir einmal den Blick in einen der Unterrichtsräume, die auch in den Beruflichen Schulen Kehl (BSK) im Jahr 2009 und 2010 ebenso wie in den Folgejahren ständig modernisiert und verbessert wurden:

---

[75] Vgl.: http://de.wikipedia.org/wiki/Konjunkturpaket_II

[76] http://ec.europa.eu/deutschland/press/pr_releases/8162_de.htm

[77] http://www.trs-kehl.de/

In vielen Räumen ist es möglich, nicht nur Tageslichtprojektoren einzusetzen, sondern auch das Internet mit Projektion durch Deckenbeamer. Modernste Technik: Garant für die Qualität der Bildung?

Auf den ersten Blick spricht zweifellos vieles für die Modernisierung bestehender Schulbauten und Schulräume, dabei sollte man aber nie den Schulalltag und seine Realitäten und Anforderungen aus den Augen verlieren.

Betrachten wir einmal - und nicht nur in Kehl - sondern in vielen anderen Bildungsstätten der Republik die Ausstattung der Räume, so dürfte diese wie in den Beruflichen Schulen Kehl so oder ähnlich aussehen:

Auf den ersten Blick betrachtet ist dies ein Raum, wie es sich ein Lehrer nur wünschen kann: überschaubar, auf „Tuchfühlung" mit dem Schüler, lichtdurchflutet, nicht nur mit einer Tafel und einem Tageslichtprojektor – heute immer noch unverzichtbare Arbeitsmittel eines Lehrers – ausgestattet. Wie bereits in vielen anderen Schulen ist es aber auch in den BSK[78] zum Standard geworden, das Internet über einen Deckenbeamer in vielen Klassenräumen unterrichtlich zu nutzen und dank tragbarer Laptops in verschiedenen Unterrichtsfächern die neuen Medien und Schulsoftware einsetzen zu können. Der damalige Schulleiter Michael Eberhardt sorgte schon bald nach seinem

---

[78] http://www.berufliche-schulen-kehl.de/

Dienstantritt dafür, dass alle Lehrer der BSK mit kleinen „Eee PC`s"[79] ausgestattet wurden.

Auf den zweiten Blick wird jedoch deutlich, dass solche Räume auch Schulklassen bis zu dreißig Schüler und Schülerinnen aufnehmen sollen. Die für den Unterricht ideale **Lehrform eines U** wird damit durchbrochen bzw. unmöglich. Und hier zeigt sich auch der Nachteil des staatlichen Bildungswesens im Vergleich zu den Privatschulen. Bei diesen kann wie beispielsweise an den Carlo Schmid – Schulen[80] die Klassenstärke auf 16 – 18 Schüler bzw. als Obergrenze mit 23 Schülern, limitiert werden. An staatlichen Schulen sind es immer noch bis zu dreißig oder mehr Schüler, je nachdem welcher Klassenteiler durch Schulgesetz[81] für die verschiedenen Schularten vorgeschrieben wird.

An dieser Stelle soll jedoch nicht weiter untersucht werden, inwieweit Privatschulen Vorteile gegenüber staatlichen Schulen aufweisen oder diesen sogar unterlegen sind dank gut ausgebildeter Lehrer, die auch heute noch immer in den staatlichen Schulen in allen Fächern ihren Dienst leisten.[82]

---

[79] http://de.wikipedia.org/wiki/Asus_Eee_PC
[80] Siehe Carlo Effekt an den Carlo Schmid Schulen: http://www.carlo-schmid-schule.de/der-carlo-effekt/
[81] Zum gesetzlich geregelten Klassenteiler für die verschiedenen Schularten in Baden-Württemberg, siehe:
http://www.kmk.org/fileadmin/pdf/Statistik/Dokumentationen/Klassenbildung_2013.pdf
[82] Zum Vergleich mit den Privatschulen:
http://www.statistikportal.de/Veroeffentl/Monatshefte/PDF/Beitrag06_09_05.pdf
Und laut einer Stern-Reportage aus dem Jahr 2010 sind die guten Leistungen von Privatschulen eher auf die Auswahl ihrer Schüler zurückzuführen. Vgl. dazu:
http://www.stern.de/familie/kinder/alternativen-zur-staatlichen-bildung-warum-privatschulen-immer-beliebter-werden-1617216.html

Verfügen heutzutage Schulneubauten über die Räume und die erforderliche architektonische Struktur, damit unsere Schüler sich darin wohl fühlen können? In meiner eigenen schulischen Vergangenheit taucht hier ein Gebäude auf, das heute in seiner alten Bausubstanz noch fast unverändert in Freiburg steht, unmittelbar hinter dem Hauptbahnhof im Stadtteil Stühlinger. Eine Realschule, die ich von 1958 – 1964 besuchen durfte...

... und auf einer früheren Homepageseite dieser Realschule war zu lesen: [83]

Liebe Schüler/innen, liebe Eltern,
wir verstehen unsere Schule als einen Ort der Bildung und der Begegnung. Unsere Arbeit soll den Schüler/innen beim Erwachsenwerden Orientierung und Sicherheit geben, indem wir achtsam und respektvoll miteinander umgehen und uns als Teil der Schulgemeinschaft empfinden. Wir wollen die Voraussetzung dafür schaffen, dass sich alle an der Hansjakob-Realschule wohl fühlen. Wir wünschen viel Spaß beim Stöbern auf unserer Homepage,

die Schulleitung und das Kollegium.

Und wenn ich meinem geistigen Auge weiter folge, öffnet sich der Blick auf ein weiteres Schulgebäude, das in Freiburg, in der Wiehre, bis heute baulich fast unverändert

---
[83] http://www.hansjakob-rs.de/

besteht. In den sechziger Jahren noch als "Wirtschaftsoberschule" und als "Handelslehranstalten I" bezeichnet, heute jedoch unter dem Namen "Walter-Eucken-Gymnasium" und "Kaufmännische Schulen I" [84] weit über Freiburg hinaus bekannt ist.

Diese Schule trägt den Namen des weltbekannten deutschen Nationalökonomen Walter Eucken, ein Markenzeichen der Wettbewerbstheorie. Ob sich die Schüler heutzutage dort „wohl fühlen", entzieht sich meiner Kenntnis. Zu meiner Zeit, als es noch schlicht und einfach nur „Wirtschaftsoberschule" hieß, von April 1964 bis zum Abitur Oktober 1966 mit einem so genannten „Kurzschuljahr", waren diese Schulgebäude weniger Orte des sich „Wohlfühlens" als vielmehr Orte und Baulichkeiten für eine Erziehung, die weit entfernt von einem „laissez-faire-Prinzip" war. Dieses Thema der Erziehung und des schulischen Auftrags ist jedoch Gegenstand des nachfolgenden Kapitels.

---

[84] http://www.weg-freiburg.de/weg/

Nach dem Abschluss des Studiums der Volkswirtschaftslehre an der Universität Freiburg schwankte ich hin und her in der Überlegung für eine volkswirtschaftliche Stabsstelle nach vorheriger Trainee-Ausbildung in einem deutschen Großkonzern wie Siemens, Lufthansa, SEL [85] oder eine Stelle in der Deutschen Bundesbank, die besonders auf Volkswirte angewiesen ist. Doch ich entschied mich 1974 am Ende des Studiums für den **Lehrerberuf**. Mein damaliges **Motiv**: die mir ans Herz gewachsene Volkswirtschaftslehre ebenso wie die Betriebswirtschaftslehre weiterzugeben an den lernbegierigen Nachwuchs der deutschen Schülerschaft.

Und die Referendarzeit erlebte ich an derselben Schule an der ich auch Schüler war. Das Oberschulamt Freiburg teilte mir damals die "Handelslehranstalten I" (heute bezeichnet als Kaufmännische Schulen I) als Ausbildungsschule zu und am Ende dieser Zeit, September 1976, wurde ich als Assessor dort auch behalten. Eigentlich hätte ich leicht andere Schulorte in Südbaden wählen können, aber damals war ich wohl gefangen im Glauben: ein Lehrer, der eine Stelle in Freiburg hat, der hat das große Los gezogen. Heute nach zwei verschiedenen Stationen als Auslandsschullehrer und am Ende des aktiven Berufsschullebens, denke ich jedoch anders darüber.[86]

---

[85] Dieses Unternehmen gibt es heute in der damaligen Form nicht mehr, vgl. ALCATEL SEL Stuttgart; vgl.:
http://de.wikipedia.org/wiki/Alcatel-Lucent_Deutschland

[86] Es wäre lohnenswert darüber nachzudenken, dass Lehrer, egal welcher Art, im Laufe ihres Berufslebens nach einer bestimmten Anzahl von Jahren, an eine andere Schule versetzt werden. Ob dies nach zehn Jahren erst der Fall ist oder schon früher, wäre diskussionswürdig. Ein Lehrer im deutschen Auslandsschuldienst kann für höchstens sechs Jahre diesen Dienst im Ausland tun, auf einer Funktionsstelle maximal acht Jahre.

Dieses Bild der Handelslehranstalten I in Freiburg, später umbenannt in Kaufmännische Schulen I und in Walter-Eucken-Gymnasium, war mir bereits in der Jugend vertraut und hat sich bis heute im Außenbereich, abgesehen von neuem Anstrich und Sanierungen der Fenster und der Außenanlagen nicht verändert.

Im Mai 1988 war es dann soweit: Als Speditionsfachlehrer fuhr ich mit meinen Speditions-Azubis nach Bremen und Hamburg, wobei der uns betreuende Bremer Kollege mich auf die neu ausgeschriebene Stelle am Colégio Humboldt in São Paulo aufmerksam machte. Für ihn, der sein Haus in Bremen hatte und damit örtlich gebunden war, kam dies nicht mehr in Frage, warum also nicht für mich? Zurück in Bollschweil wurde der Familienrat einberufen. Entsetzen bei den beiden Töchtern im Alter von 11 und 10 Jahren, der Sohn mit 6 Jahren vermochte noch nicht die Tragweite der Entscheidung für dieses „Abenteuer" einzusehen, Zustimmung aber gab es sofort bei der Ehefrau. Umgehend erfolgte die Bewerbung und dann ging es Schlag auf Schlag.

Innerhalb von wenigen Wochen die Bearbeitung der Papiere durch die ZfA in Köln[87] und Besuch vom damaligen Leiter der Berufsschule am Colégio Humboldt, K. Karsten, ein gebürtiger Mainzer. Ich war in der engeren Wahl unter drei Kandidaten und nach dem Besuch durch K. Karsten in Bollschweil Ende August 1988 signalisierte das BVA-ZfA Köln bald darauf grünes Licht.

Nächster Schritt: Vorbereitungslehrgang - eine Woche im Oktober 1988 in Köln und direkt anschließend eine Woche in Barcelona an der dortigen deutschen Schule.

Speditionsfachunterricht war dort nicht möglich und so übte ich mich an den spanischen Schülern mit Wirtschaftsgeographie und Algebra der Klassenstufen 7 und 8. Somit die ersten Erfahrungen eines deutschen Berufsschullehrers, ob „chicos y chicas de España" diesem in deutscher Sprache folgen konnten.[88]

87

http://www.bva.bund.de/DE/Organisation/Abteilungen/Abteilung_ZfA/DieZfA/node.html

88 Die Mehrzahl der Lehrgangsteilnehmer in Barcelona wurden in die spanisch-sprechenden Länder Südamerikas vermittelt; somit war ich mit nur drei anderen Lehrkräften, die in die Porto Seguro Schule, die zweite große deutsche Auslandsschule in São Paulo entsandt wurden, in der Minderheit bezüglich der portugiesischen Sprache.

Und weiter ging es Schlag auf Schlag: Weihnachten 1988 noch in der Heimat, Wochen davor die notwendigen Papiere besorgen[89] und samt Familie sich den erforderlichen Impfungen unterziehen. Abschied nehmen in der Schule, von den Freunden, von der Familie. Anfang Januar 1989 Auflösung der Mietwohnung, Container beladen, restliches Mobiliar bei Schenker Freiburg einlagern und Ende Januar landete die Roth-Familie, bestehend aus fünf Köpfen, auf südamerikanischem Territorium in Brasilien. Nach einer kurzen Zwischenlandung in der feucht-heißen Sommerschwüle frühmorgens in Rio de Janeiro konnte das Abenteuer im „Moloch São Paulo" beginnen. Dienstbeginn am Colégio Humboldt: 01.02.1989.

Aus dem ersten Zwei-Jahres-Vertrag wurden dann sechs Jahre, jeweils mit einem weiteren Jahr verlängert. Wer hätte das gedacht? Der Kulturschock einer Mégapole von damals bereits rund 20 Millionen Einwohnern musste zunächst einmal verkraftet werden. Dazu ein Portugiesisch, das aus nasalen Lauten besteht und nicht so leicht zu erlernen war. Hätte ich so wie ein Kollege aus Villingen-Schwenningen, der den EDV-Fachunterricht am Colégio Humboldt und am Goethe-Institut leiten sollte, zuerst eine Besichtigungsreise nach São Paulo unternommen, wäre ich wohl wie dieser Kollege geheilt vom Vorhaben eine andere Welt zu entdecken, zurückgekehrt und in Bollschweil mit der Familie bis heute geblieben. Bis zur Pensionierung hätte ich dem deutschen Staat in den Handelslehranstalten I Freiburg brav weiter gedient. So aber ...

---

[89] Der Ausstellung eines Internationalen Führerscheins kam dabei eine besonders große Bedeutung zu, da dieser für die Verlängerung der jährlichen Fahrerlaubnis durch die brasilianische Behörde DETRAN in São Paulo erforderlich war.

Und wenn mein geistiges Auge weiter verfolgt, wie durch den deutschen Staat im Ausland für gute Bildung durch deutsche Lehrkräfte und moderne Schulbauten gesorgt wird, so öffnet sich auch der Blick für die Zeit von 1989 bis 1995 auf das Colegio Humboldt in São Paulo, das durch einen Neubau seit 1998 einen neuen Standort im Stadtteil Interlagos gefunden hat. Mit Hilfe des Internet lassen sich leicht solche Informationen über das Colégio Humboldt abrufen wie nachfolgend: [90]

Gegründet 1916 in São Paulo, Stadtteil Santo Amaro, in der deutschen Bäckerei Lindau am Platz "Largo 13 de Maio" mit 41 Schülern. 1917 wurde die Schule wegen des Ersten Weltkrieges geschlossen. Vier Jahre später wurde sie 1921 wieder eröffnet. Im Jahr 1927 konnte aufgrund einer Spende von Herrn Heinrich Grassmann ein Schulgebäude in der Straße "Ladeira da Matriz" gebaut werden. Ein Jahr später wurde ein 1700 m² großes Grundstück dazu gekauft. Jedoch wurde die Schule 1942 beschlagnahmt, nachdem Brasilien gegen Deutschland im Zweiten Weltkrieg antrat und erst 1955 an den Schulverein zurückgegeben.

Foto aus dem Jahr 2007: Der Schulneubau von 1998 im Stadtteil Interlagos.[91]

Die Schule mit dem ursprünglichen Namen "Escola Barão do Rio Branco" erhielt 1960 die Erlaubnis, die Mittelstufe unter

---

90 http://de.wikipedia.org/wiki/Col%C3%A9gio_Humboldt_S%C3%A3o_Paulo
91 http://de.wikipedia.org/wiki/Datei:Humboldt_Schule.JPG

dem Namen "Ginásio Humboldt" zu unterrichten. Bereits sechs Jahre später, im Jahr 1966, erhielt die Schule außerdem die Genehmigung, die Oberstufe einzuführen und führt seitdem den bis heute gültigen Namen "Colégio Humboldt".

Heute verfügt das Colégio Humboldt in São Paulo nicht nur über moderne, neue Schulräume sondern auch über ein Schwimmbad und eine Aula, über die sich in Deutschland jeder Schulleiter freuen würde. [92]

Diese Bilder der Neubauten des Colégio Humboldt sind mit denen, die ich aus den Jahren 1989 – 1995 kenne, grundverschieden. Am alten Standort „Largo 13 de Maio" gibt es kein Colégio Humboldt mehr. Dieses sah damals im Innenhof wie folgt aus:

---

[92] Siehe: http://www.humboldt.com.br/campus/teatro

Dieses Colégio war eine Ansammlung von verschiedenen Gebäudeteilen auf einer relativ kleinen Fläche, an denen auch ständig angebaut und renoviert wurde. In der Mitte gab es einen Pausenhof mit einer einfachen „Lanchonete",[93] in der Silvio, ein Deutsch-Brasilianer, und seine Ehefrau es verstanden köstliche „Empanadas"[94] anzubieten. Und somit war dieser Treffpunkt in den Pausen stets umlagert und bildete in der Mittagspause das Stelldichein zum Essen im Freien, das ganze Jahr über. So etwas wie einen Winter kennt man in São Paulo ohnehin nicht. Gegessen wurde im Freien unter überdachten Holzsitzen.

Und auf dem asphaltierten Pausenhof wurde auch Sport getrieben, Volleyball und andere Spiele, von den Kleinsten im integrierten Kindergarten bis zur Oberstufe. Eine weitere

---

[93] eigentlich so etwas wie ein Mini-Restaurant, vgl. auch http://lanchobrasil.jimdo.com/lanchonete-brasil/, aber im Colégio Humboldt war dies eher eine Art von Kantine mit vielen Sitzmöglichkeiten im Freien auf Holzbänken
[94] kleine, köstlich schmeckende Häppchen, im Inneren mit Füllungen aus Hackfleisch, Geflügel, Käse, versehen mit dem Gewürz "cumin", vgl. auch http://www.oleswelt.de/rezepte/brasilianische_empanadas.html

asphaltierte Sportfläche diente dem Fußballspiel, in Brasilien der Volkssport schlechthin.[95]

Auf dem Sportplatz wurden jeden Tage vor dem Hauptgebäude des Colégio Humboldt die deutsche und die brasilianische Fahne neu aufgezogen. Aber auch „Capoeira-Tänze" [96] und im Juni die traditionellen „Junina-Feste" wurden auf dem Schulgelände ausgetragen.

---

[95] Heute noch sehe ich als Folge verschiedener Reisen über die endlosen Weiten Brasiliens vor mir, wie dort oft auf einfachen "Bolzplätzen" meist barfuß gekickt wurde. Auch in der Rua Alabarda, in der wir in der Südzone in São Paulo wohnten, kickten die Bauarbeiter, die auf dem Nachbargrundstück 1994 ein neues Wohnhaus bauten, in den Morgen- und Abendstunden barfuß auf der Wohnstraße Rua Alabarda. Das Geld für Sportschuhe fehlte ihnen, die Begeisterung für den Fußballsport war jedoch genauso hoch wie bei den Balltretern auf den Dörfern

[96] Das Foto dazu aus dem Jahr 1990, an einem Abend, in dem auf dem Schulgelände das Junina-Fest stattfand, vgl. auch:
http://www.kampfsport-online.com/Brasilien/Capoeira/capoeira.htm

Das Junina-Fest hat in Brasilien bis heute eine unverändert große Bedeutung und ist dort auch ein Teil des Schullebens. Es verkleiden sich die Jungen und Mädchen, um bei einer lustigen Hochzeitszeremonie mit Spiel und Tanz dabei zu sein.

Kleidung und Tanz.

„Überall in Brasilien verkleiden sich die Leute in diesem besonderen Monat, dazu kleiden sich alle Brasilianer wie vor vielen Jahren. Die Frauen tragen Strohhüte mit zwei geflochtenen Zöpfen und die Männer tragen karierte Hemden." [97]

Beeindruckend waren die jährlich regelmäßig stattfindenden Feste der „Humboldt-Familie", einer langen Tradition folgend, vergleichbar mit einem deutschen Oktoberfest. Dies alles auf dem engen Innenraum des Schulgeländes, in denen sich viele Besucher drängten. Ein Riesenfest mit vielen Veranstaltungen unter Beteiligung aller Klassen, deren Eltern und der Lehrerschaft. Dies mit einer Bewirtung, die von morgens bis spät abends dauert. Nicht nur Sauerkraut und selbst gemachte Leberknödel, zubereitet

---

[97] Auf diesem Foto sind unsere drei Kinder fertig gekleidet, um am abendlichen Junina-Fest im Colégio Humboldt teilzunehmen. Mehr über das Junina-Fest unter:

http://www.brasilportal.net/reise/sao-joao/sao-joao-brasilien.php

von den Frauen der deutschen Lehrer, waren beliebt. Bei cerveja und caipirinha traf sich die große Humboldt-Familie und feierte gut gelaunt bis in die Nacht.

Zu dieser "Familie" zählten nicht nur die Schüler und Eltern der aktuellen Schuljahre, sondern auch viele ehemalige Schüler bis hin zu deutschstämmigen Paulistanos und Paulistanas oder solchen Brasilianern, die sich von dem deutschen Volksfest auf dem Humboldt-Schulgelände Jahr für Jahr angezogen fühlten. Es drängten sich unglaublich viele Menschenmengen jedes Jahr auf diesem Fest. Der Reinerlös erlaubte viele notwendige und wichtige Anschaffungen von Schulmaterialien. Und trotz der weitreichenden Finanzierung des Colégio Humboldt durch Deutschland - Entsendung der Auslandslehrkräfte - und Finanzhilfen bei den Schulbüchern reichten die monatlichen Schulgelder von Seiten der Elternschaft, die bis heute überwiegend der brasilianischen "Oberschicht" zuzurechnen ist, nur knapp aus, um die Gehälter der brasilianischen Ortslehrkräfte und den Verwaltungsapparat der Schule zu finanzieren.

Im Gegensatz zu deutschen Schulen verfügen solche privaten Auslandsschulen über enorm viele Angestellte, deren Aufgaben es war, nicht nur die Verwaltung und die Buchhaltung zu führen, sondern auch die zahlreichen Gebäude zu reinigen, ebenso auch kleinere und größere Reparaturen vorzunehmen und vor allem die Bewachung des Schulgeländes. Im Ausland sind

solche Schulen besonderen Gefahren ausgesetzt, wie ich es insbesondere in meiner Zeit in Guatemala erlebte, als mir dort von 2000 bis 2002 am Colégio Alemán de Guatemala, die Leitung der kleinen Abteilung des Berufsbildenden Zweiges (Industriekaufleute und Außenhandelskaufleute) anvertraut wurde.

Im Ausland sind diese **Privatschulen** eigentlich gut funktionierende "**Geldmaschinen**". Allerdings habe ich auch in meiner Zeit in Guatemala noch viel mehr als in São Paulo erleben müssen, dass der Schulvorstand, meist Leute, die an diesen Standorten unternehmerisch tätig sind, sich auch mehr oder weniger stark in die Leitung der deutschen Auslandsschulen einmischen und dabei die Kompetenzen des aus Deutschland entsandten Schulleiters, der quasi die Nummer eins in der Leitungshierarchie ist, einschränken.

In Guatemala gingen diese Machtspiele auch mit Intrigen größerer Art einher, vergleichbar mit einer Feudalherrschaft.

In São Paulo wurde weit besser und konstruktiver mit der deutschen Leitung kooperiert. Allerdings war ich auch dort Zeuge, dass Ortslehrkräfte willkürlich entlassen wurden, insbesondere, wenn sie nicht „genehm" waren. Im Vergleich zu deutschen Auslandslehrkräften, die nach den in Deutschland geltenden Besoldungsstrukturen plus einer Auslandszulage von Deutschland, damals in D-Mark, heute in Euro, entlohnt wurden, verdienen die Ortslehrkräfte dort deutlich weniger, oft nur ein Drittel ihrer deutschen Kollegen. Dies führte dazu, dass in São Paulo so manche Ortslehrkraft nicht nur an einer Schule unterrichtete, um den Lebensunterhalt für die Familie zu verdienen. Und in allen Jahren von 1989 - 1995 durfte ich in Brasilien miterleben, was es für die Bevölkerung bedeutet, wenn dort Inflation herrscht mit aufkumulierten Jahreswerten von über 1000 Prozent. Wir in D-Mark von Deutschland bezahlte Auslandslehrer waren davon zum Glück nicht betroffen.

Und viele, viele Paulistanos schätzten damals und sicherlich noch heute dieses typisch deutsch-brasilianische Colégio Humbolt-Fest: ein Integrationsfaktor für die deutsche Kultur in São Paulo, eine 20-Millionen-Stadt mit rund 400.000 deutschstämmigen Bürgern.[98]

---

[98] Mehr über die Megapole São Paulo unter: http://www.sao-paulo-brasilien.de/

Wenn zum Beginn dieses Kapitels vom „Sich-wohl-fühlen" als Schüler die Rede war, so ist nach meiner Einschätzung dies sowohl im Colégio Humboldt in São Paulo als auch im Colégio Alemán de Guatemala der Fall gewesen. Mehr noch, die Schülerschaft sah in beiden Städten die Schule wohl als einen geschützten, sicheren Ort, nicht nur wegen den Außenmauern und der Bewachung. Hinzu kam ein ziemlich hoher Grad an Identifizierung mit der Schule bei Schüler- und Elternschaft. Diese Schulen sind nicht nur Orte des Lernens, es war weit mehr und dies nicht nur, weil dort bis heute jährlich die beschriebenen Schulfeste stattfinden, an denen auch „Außenstehende" gerne teilnehmen. Alle diese großen deutschen Auslandsschulen verfügen nicht nur über Schwimmbäder und ausgedehnte Sportanlagen, sondern auch über eine Aula, die den Namen „**Aula**" [99] zu Recht verdient. Ein Versammlungsraum nicht nur für kulturelle Aufführungen, sondern für Veranstaltungen verschiedenster Art.

Welche Schule verfügt in Deutschland über eine Aula, wie dies 2006 beim Neubau der Tulla-Realschule[100] in Kehl möglich wurde. Die dafür erforderlichen Zuschüsse gab es in Kehl aber auch nur, weil das direkt daneben befindliche Einstein-Gymnasium noch keine richtige Aula hatte. Eine Aula, die auch die BSK dringend benötigen würde, da sie nur über einen kleinen Versammlungsraum verfügt, der jedoch auch als Aula bezeichnet wird.

Um noch einmal auf die Bauweise von schulischen Räumen zurückzukommen und auf die Idealform des U, so war dies

---

[99] Vgl.dazu: http://de.wikipedia.org/wiki/Aula

[100] http://www.trs-kehl.de/ueber-uns/frame-ueberuns.htm

trotz aller Beengtheit und veralteter Räumlichkeiten am alten Standort Santo Amaro in São Paulo gut erfüllbar, wie es das Foto vom Klassenzimmer 1995 mit der Speditionsfachklasse 1990/1991 im Gebäude des Berufsbildenden Zweiges IFPA (Instituto de Formacão Profissional Administrativa) am Colégio Humboldt zeigt.

Alle Schüler verfügten über Sitzplätze mit kleinen, stabilen Tischen aus einem Stahlgestell, leicht auseinander zu stellen, damit ideal für Klassenarbeiten und auch um die U-Lehrform leicht umzusetzen. Auch im Colégio Alemán de Guatemala (2000 – 2003) unterrichtete ich überwiegend in der U-Lehrform, wie auf der nächsten Seite ersichtlich ist. Und wirft man heute über das Internet einen Blick in die Räumlichkeiten des Colégio Humboldt, so wird man leicht feststellen, dass dort mit dem Neubau in Interlagos Standards gesetzt wurden, von denen manche Inlandsschulen nur träumen können.[101]

---

[101] Mit einem mehrminütigen Videoclip präsentiert das Colégio Humboldt in São Paulo die gesamte Schule mit allen ihren Baulichkeiten und über alle Klassenstufen bis hin zum Berufsbildenden Zweig. Siehe unter: http://humboldt.com.br/apresentacao

Foto: Die Klasse der Industriekaufleute des Jahres 2002, in der ich die Spezielle Betriebswirtschaftslehre und das Fach Rechnungswesen unterrichten durfte, daneben jedoch auch mit der Leitung des Berufsbildenden Zweiges beauftragt war und für die notwendigen Ausbildungsplätze in den Firmen sorgen musste.

Nach meiner Rückgliederung in den deutschen Inlandsschuldienst nach Kehl, an die „Kaufmännische Schule Kehl", heute die Abteilung Wirtschaft der Beruflichen Schulen Kehl (BSK), musste ich feststellen, dass im Inland die Schüler noch an relativ großen Zweiertischen sitzen. So wie heute noch in vielen Klassenräumen der BSK dürfte dies wohl auch in den Kaufmännischen Schulen I und in der Hansjakob-Realschule Freiburg der Fall sein. Was dies bedeutet für die Feststellung der Schülerleistungen und der Notengebung kann sich jeder ausrechnen. Und der Umstand, dass viele Klassenarbeiten der Abteilung Wirtschaft der Beruflichen

Schulen Kehl (BSK) in deren Aula[102] geschrieben wurden, dürfte darauf zurückzuführen sein, dass das objektive Feststellen von Schülerleistungen durch die Raumverhältnisse in vielen Klassenräumen in Frage gestellt wird. Eine Frage, die wohl quer durch die Republik sich stellen dürfte: wie können Schülerleistungen nicht nur in den Abschlussprüfungen sondern in allen Klassenarbeiten als individuell erbrachte Leistungen objektiv festgestellt werden?

---

[102] eine Aula, die nach meiner Ansicht diesen Namen nicht verdient, insbesondere wenn man diese vergleicht mit der Aula der Tulla-Realschule oder der Aula des Colegio Humboldt São Paulo oder des Colegio Alemán de Guatemala.

Irrtum Nummer vier: Du Mutter Justitia, schreibe den Bildungs- und Erziehungsauftrag gesetzlich fest – das genügt!

Wie wird im § 1 des Schulgesetzes im Land Baden-Württemberg der Auftrag der Schule für die Erziehung und Bildung festgehalten?

§ 1 Erziehungs- und Bildungsauftrag der Schule [103]

(1) Der Auftrag der Schule bestimmt sich aus der durch das Grundgesetz der Bundesrepublik Deutschland und die Verfassung des Landes Baden-Württemberg gesetzten Ordnung, insbesondere daraus, dass jeder junge Mensch ohne Rücksicht auf Herkunft oder wirtschaftliche Lage das Recht auf eine seiner Begabung entsprechende Erziehung und Ausbildung hat und dass er zur Wahrnehmung von Verantwortung, Rechten und Pflichten in Staat und Gesellschaft sowie in der ihn umgebenden Gemeinschaft vorbereitet werden muss.

(2) Die Schule hat den in der Landesverfassung verankerten Erziehungs- und Bildungsauftrag zu verwirklichen. Über die Vermittlung von Wissen, Fähigkeiten und Fertigkeiten hinaus ist die Schule insbesondere gehalten, die Schüler in Verantwortung vor Gott, im Geiste christlicher Nächstenliebe, zur Menschlichkeit und Friedensliebe, in der Liebe zu Volk und Heimat, zur Achtung der Würde und der Überzeugung anderer, zu Leistungswillen und Eigenverantwortung sowie zu sozialer Bewährung zu erziehen und in der Entfaltung ihrer Persönlichkeit und Begabung zu fördern, zur Anerkennung der Wert- und Ordnungsvorstellungen der freiheitlich demokratischen Grundordnung zu erziehen, die im Einzelnen eine Auseinandersetzung mit ihnen nicht ausschließt, wobei jedoch die freiheitlich-demokratische Grundordnung, wie in Grundgesetz und Landesverfassung verankert, nicht in Frage gestellt werden darf, auf die Wahrnehmung ihrer verfassungsmäßigen staatsbürgerlichen Rechte und

---

[103] http://www.landesrecht-bw.de/jportal/?quelle=jlink&query=SchulG+BW&max=true

Pflichten vorzubereiten und die dazu notwendige Urteils- und Entscheidungsfähigkeit zu vermitteln, auf die Mannigfaltigkeit der Lebensaufgaben und auf die Anforderungen der Berufs- und Arbeitswelt mit ihren unterschiedlichen Aufgaben und Entwicklungen vorzubereiten.

(3) Bei der Erfüllung ihres Auftrags hat die Schule das verfassungsmäßige Recht der Eltern, die Erziehung und Bildung ihrer Kinder mitzubestimmen, zu achten und die Verantwortung der übrigen Träger der Erziehung und Bildung zu berücksichtigen.

(4) Die zur Erfüllung der Aufgaben der Schule erforderlichen Vorschriften und Maßnahmen müssen diesen Grundsätzen entsprechen. Dies gilt insbesondere für die Gestaltung der Bildungs- und Lehrpläne sowie für die Lehrerbildung.

Im vorigen Kapitel beschrieb ich, den Lehrerberuf gewählt zu haben aus meiner Neigung heraus, möglichst viele volks- und betriebswirtschaftliche Bildungsinhalte an lernbegierige Schüler weiterzugeben. Ich machte mir damals weniger Gedanken um den Aufgabenbereich der Erziehung als vielmehr über die Inhalte in den Fächern, die ich unterrichten sollte. Betriebswirtschaft in den Ausprägungen: Allgemeine Betriebswirtschaftslehre und Spezielle Betriebswirtschaftslehre, Volkswirtschaft, Rechnungswesen mit Buchführung, Datenverarbeitung. Und ich erinnere mich noch an heftige Diskussionen in Konferenzen meines früheren Walter-Eucken-Gymnasiums in Freiburg, wenn es nicht nur um fächerspezifische Inhalte ging, sondern um Probleme der Erziehung. Der damalige Schulleiter betonte wiederholt, dass wir als Lehrer den Bildungsauftrag ebenso erfüllen müssten wie den Erziehungsauftrag. Seine Forderungen fand ich durchaus berechtigt und nachvollziehbar. Aber infolge der Erziehungsarbeit an den eigenen drei Kindern musste ich in meinen zunehmenden Berufsjahren feststellen, dass die Arbeit der Erziehung von Schülern auf der Sekundarstufe II (Wirtschaftsgymnasium, Berufskolleg, Berufsschule) letztlich nur auf den im Elternhaus erworbenen

"Primär- und Sekundärtugenden" [104] aufbauen kann. Hier haben sich zweifellos im Laufe der letzten Jahrzehnte einige Werte und Tugenden infolge neuer gesellschaftlicher Strukturen geändert und dies sicherlich nicht nur in Deutschland.

Es war bereits in Freiburg eine "Auszeichnung" als Klassenlehrer im Wirtschaftsgymnasium in den Leistungsfächern Betriebswirtschaftslehre, Rechnungswesen und Volkswirtschaft die Gymnasiasten in drei Jahren auf der Oberstufe zum Abitur zu führen.[105] Aber bereits damals wurde mir klar, warum erfahrene Kollegen keinen Hehl daraus machten, lieber in der Berufsschule unterrichten zu wollen. Die Erziehungsarbeit wurde damals bereits bei einzelnen Schülern im Vollzeitbereich zunehmend schwerer. Im Teilzeitbereich, in der Berufsschule, war dies leichter. So erinnere ich mich auch noch an die Worte eines Schülers im WG12[106] während einer Studienfahrt nach Prag[107] "...warum soll ich den jüdischen Friedhof besichtigen, wenn meine Großmutter dort nicht begraben liegt". Derlei respektlose Bemerkungen war ich in den Berufsschulklassen des Walter-Eucken-Gymnasiums nicht gewohnt. Ganz im Gegenteil, Kritik und Widerspruch gab es auch bei Berufsschülern, aber es herrschte in den Berufsschulklassen in der Regel ein guter Umgangston und es ließ sich mit diesen Schülern

---

[104] Vgl.: http://www.jochenolbrich.homepage.t-online.de/Tugenden.htm

[105] Vor meinem ersten Auslandsschuldienst in Brasilien durfte ich über sechs Jahre hinweg zwei WG-Klassen am WEG in Freiburg zum Abitur führen.

[106] Jahrgangsstufe 12 des Wirtschaftsgymnasiums

[107] Dies war in der zweiten Hälfte der 80er Jahre, noch vor dem ersten Auslandsschuldienst in Brasilien 1989-1995.

weitgehend konstruktiv zusammen arbeiten. Eingebettet in die Berufs- und Arbeitswelt zeigten die Berufsschüler damals wie heute, dass sie die Schule als Lernort zu schätzen wussten. Deren Fehlzeiten lagen damals – dies hat sich auch bis heute nicht geändert – deutlich unter denen von Schülern im Vollzeitbereich. So gibt es bis heute im Verhalten und in den Umgangsformen bei Berufsschülern deutliche Unterschiede zu denen von Schülern des Vollzeitbereichs, wohl zurückzuführen auf Elternhaus, Schullaufbahn und Einflussfaktoren im sozialen Umfeld. Die Unterschiede im früheren und jetzigen Schülerverhalten sollen an zwei Beispielen aufgezeigt werden, wobei die Namen im zweiten Beispiel bewusst abgeändert wurden.

Beispiel 1:

Ganz zum Beginn meiner Lehrerlaufbahn tauchte in meinem Unterricht ein junger Mann namens Joachim Löw auf, heute in ganz Deutschland als der "Jogi" bekannt. Diesen durfte ich 1977/78 in einer Fachklasse für Groß- und Außenhandel im Fach Rechnungswesen unterrichten. Aus dem Schwarzwaldort Schönau stammend, ist mir „Jogi" als Azubi eigentlich nur in positiver Erinnerung geblieben, obwohl er mit 18 Jahren nicht nur von der Karriere als Fußballprofi träumte, sondern schon dabei war, diese Träume als Halbprofi beim Sport-Club-Freiburg[108] in die Tat umzusetzen. Zu den Mosaiksteinchen der "Erziehungsarbeit", die ich damals in ver-

---

[108] In meiner eigenen Schulzeit war ich von 1963 bis 1966 selbst noch Spieler in der B-Jugend und A-Jugend des Sport-Club Freiburg. Doch in den 70er und frühen 80er Jahren war der Sport-Club Freiburg noch nicht in der höchsten deutschen Spielklasse des Profifussballs angekommen.

verschiedenen Klassen der Berufsschule, des Berufskollegs und des Wirtschaftsgymnasiums mit anderen Kollegen leistete, darf ich die einmal monatlich stattfindenden Spiele im Hallenfußball gegen eine Schülermannschaft rechnen. Gegen die Löw-Truppe verloren wir zwar Hin- und Rückspiel ehrenvoll, jedoch mussten diese und manch andere Schülermannschaften erkennen, dass Lehrer auch vom Fußballtreten etwas verstehen. Spaß machte es jedoch auf beiden Seiten. Das Verhalten von Jogi Löw war in der Schule nach meinen Erinnerungen stets einwandfrei und korrekt und er erzielte ordentliche Schulleistungen, obwohl Fußball für ihn bereits das Tor zur Welt öffnete und er dabei war, seine großen fußballerischen Talente beginnend im Sport-Club Freiburg (SCF) zu vermarkten.

Ganz anders in Einstellung und Verhalten Marco,[109] ein Schüler der Kaufmännischen Berufsfachschule für Wirtschaft in den BSK, eine Schulart, die zur Fachschulreife führt und damit der Mittleren Reife entspricht. Im Verhalten zeigte sich Marco im ersten Jahr der Berufsfachschule noch sehr deutlich von jeder Art von Reife entfernt. Auch er ein Fußballer, der jedoch weniger von der Schule träumte, eher von einer Karriere in einem Bundesligaclub in Baden-Württemberg. Und als ich ihn auf seine damals deutlich unterdurchschnittlichen schulischen Leistungen im Fach VBRW[110] ansprach, meinte Marco flapsig: "…ich brauche keinen Abschluss in der Berufsfachschule, um danach einen kaufmännischen Beruf zu lernen… Wenn ich einen Vertrag in der Reservemannschaft von XXL[111] bekomme und damit zweitausend Euro verdiene, brauche ich nicht einen Beruf zu lernen". Ob Marco auf dem Fußballfeld ähnlich undiszipliniertes Verhalten wie in der Schule zeigte? So ging es mir damals durch den Hinterkopf. Ob sich die notwendigen Reifeprozesse bei ihm noch eingestellt haben und er zu einem ordentlichen Schulabschluss gekommen ist, entzog sich meiner Kenntnis, da er die Klasse wiederholen musste und ich im folgenden Jahr pensioniert wurde.

---

[109] Name abgeändert.

[110] VBRW steht für Volks- und Betriebswirtschaftslehre mit Rechnungswesen, wird heute jedoch als Fach mit Berufsfachlicher Kompetenz bezeichnet.

[111] Er meinte damit den Karlsruher Sport Club, mit dem Marco damals liebäugelte und sich vorstellte in deren Reservemannschaft aufgenommen zu werden. Ein Traum, der sich im Nachhinein als "Wunschtraum" herausstellte. Ein Jahr später waren diese Träume wie Seifenblasen zerplatzt.

Beispiel 2:

Ein Freitagmorgen im Schuljahr 2010/2011, wieder einmal habe ich dort die zweite Schulstunde, mit der die Klasse 2BFW2 ihren Unterricht im Fach VBRW[112] beginnen durfte. Ich zähle wie gewohnt die Anzahl meiner Schäflein und stelle fest, dass die Sollstärke von neunzehn noch nicht erreicht war. Ganze vierzehn Schüler waren anwesend, die Lücken deutlich sichtbar. Und dies, obwohl die Schüler erst zur zweiten Unterrichtsstunde anwesend sein mussten. Warum solche Lücken? Das Eintragen der fehlenden Schüler im elektronischen Klassenbuch schien mir nicht ausreichend zu sein. Eine pädagogische Maßnahme musste her. Da bereits in den Vorwochen zu dieser Stunde sich fast immer dieselben „schwarzen Schafe" verspätet hatten, jedoch in geringerer Anzahl als an diesem Freitag, beschloss ich mit dem Unterricht solange zu warten, bis der letzte gekommen und bereit war sich von mir beschulen zu lassen.

Die anwesenden Schüler sollten es deutlich merken und zumindest an diesem Morgen über das ***Problem Unterrichtsstörungen*** durch Zuspätkommer nachdenken. Pädagogisch wollte ich nicht zur wiederholten Maßnahme einer Zusatzarbeit oder des Nachsitzens greifen sondern mit Handschlag und einem "guten Morgen" sollten alle diese schwarzen Schafe herzlich in den Kreis schulwilliger Schüler aufgenommen werden. Zum Nachdenken sollten sie aber alle über ihr frevelhaftes Verhalten gebracht werden. Und so verlief es dann:

Nennen wir sie Lara,[113] die als erste von den fünf Fehlenden eintraf. Bevor ich sie noch fragen konnte, murmelte sie

---

[112] Volks- und Betriebswirtschaftslehre mit Rechnungswesen
[113] Name abgeändert.

gleich beim Betreten des Klassenraumes ein leises "Guten Morgen", das war aber auch alles. Als sie an ihrem Platz war und auspackte, fragte ich sie nach dem Grund der Verspätung. "Ach", meinte sie " ich bin leider etwas zu spät von zu Hause weggegangen". Immerhin ein "leider", das war ja auch etwas, das anzuerkennen war. Deswegen bereits Nachsitzen lassen, obwohl Lara sonst ein ordentliches Verhalten im Unterricht zeigte? Also abwarten, schließlich eilten sicherlich noch weitere vier schwarze Schafe dem Klassenraum entgegen.

Nach circa fünf Minuten kam der nächste: Celük[114] trat ein und wählte sogleich die Offensivstrategie, schließlich war ich sein Lieblingslehrer. "Guten Morgen Herr Roth" seine Worte schallten förmlich im Raum und er streckte mir auch gleich die Hand entgegen, so wie es sich für einen Offensivspieler gehört. Ob er am Vorabend wieder im Jugendkeller der Stadt seine Rap-Versionen zum Besten gegeben hatte? In meinem Hinterkopf drängten sich Fragen dieser Art, aber schließlich kannte ich auch seine familiäre Situation und seine bisherige Schulkarriere, so dass ich beschloss, auch ihn zu schonen und weiter abzuwarten mit dem Unterrichtsbeginn, schließlich fehlten immer noch drei Schüler.

Nach sieben Minuten kam er, nennen wir ihn Haniel.[115] Er lag so ziemlich an der Spitze der notorischen Zuspätkommer in diesem Haufen von tiefschwarzen Schafen, dem der Klassenlehrer ebenso wenig wie ich die Sekundärtugenden, insbesondere die Pünktlichkeit, beibringen konnte. Und für solch einen Unverbesserlichen war es auch ganz normal, keinen Morgengruß erklingen zu lassen, sich aber schnurstracks zu seinem Platz in der hinteren Ecke des Klassen-

---

[114] Name abgeändert
[115] Name abgeändert

zimmers zu begeben." Du entkommst mir nicht" raunte es durch meinen Hinterkopf und ich durchschritt den Raum, um, wie es in der Fußballsprache heißt, aus der Tiefe des Raumes den tödlichen Pass zu spielen. "Mein Lieber, warum kommst du denn heute wieder ganze sieben Minuten zu spät?" Mein bohrender Blick in seine Augen bringt als Reaktion nur ein hilfloses Schulterzucken. Was sollte er auch antworten? Einfach "...ich bin nun mal so" oder "...meine Mutter hat mich nicht geweckt" oder "...ich habe den Bus verpasst" und was es sonst noch an albernen Ausreden gibt. Bei Berufsschülern, die mit dem eigenen Fahrzeug in der Regel anfahren, hört man als Entschuldigung oft "...die Parkplätze waren alle bereits besetzt". Die, die etwas cleverer sind, stammeln dann so etwas wie "...es gab einen Stau auf der Autobahn", oder "unterwegs ist ein Unfall passiert" oder...

Der Unterricht erfolgte bislang immer noch nicht, denn das Frage-Antwort-Spiel mit den ersten drei erforderte seine Zeit und die anderen Schüler sollten an diesem Freitag auch meine Absicht deutlich merken: Unterricht ist nicht möglich, bei einer Vielzahl an Unterbrechungen, hervorgerufen durch "simple" Verspätungen. "Ihr sollt es merken, spüren und dies bis tief ins Schülerherz hinein", so meine pädagogische Zielrichtung an diesem Tag. Und es fehlten immerhin noch zwei von neunzehn Schafen.

Und dann kam er. Er mit dem ich als Fachlehrer in diesem Schuljahr ebenso wie sein Klassenlehrer schon wiederholte Probleme hatte und nicht nur wegen Verspätungen, sondern vielmehr wegen einem Unterrichtsverhalten, das jenseits von Gut und Böse genannt werden darf. Nennen wir ihn einfach Petrof.[116] Nach zwölf Minuten trat er ein, ging schweigend zu seinem Ehrenplatz, eingeräumt in der vordersten Reihe, um dort Auge in Auge dem Lehrer als seinem Feind gegenüber zu stehen. Weder eine Entschuldigung für die Verspätung, noch ein Aufschlagen von Heft und Buch an seinem schulischen Arbeitsplatz.[117] Wahrscheinlich hatte er wie so oft seine Hausaufgaben nicht gemacht und sparte sich folglich die Mühe ein Heft mit leeren Blättern zu präsentieren. Aber nicht nur bei ihm durfte ich in meinen letzten beiden Schuljahren vor der Pensionierung feststellen, dass unsere Schüler keine Hefte mehr führen, sondern eine Sammlung von Blättern, wobei viele eine teutonische Unordnung pflegen.[118]

Wie reagieren also auf einen Schüler, der sich bereits resistent gegen Belehrungen, wiederholte Verweise aus dem Klassenraum, wiederholtes Nachsitzen und anderes mehr zeigte? Ein Schüler, dessen Eltern auch in der Schule nicht gesichtet werden konnten. Hier blieb nur ein hilfloses Resignieren übrig, schließlich wollte ich mit dem Unterricht beginnen, auch wenn bereits fünfzehn Minuten verstrichen waren. Die Unterrichtsstunden bis zu den bald bevorstehenden Abschlussprüfungen waren denkbar knapp. Und der letzte der neunzehn Schüler, nennen wir ihn Max, fehlte in letzter Zeit ohnehin häufig. Meine spontane Eingebung

---

[116] Der abgeänderte Name lässt jedoch Rückschlüsse auf dessen Nationalität zu.

[117] Dabei spricht der Lehrplan für diese Schulart im Fach VBRW im ersten Kapitel deutlich vom "Lernort Berufsfachschule (Wirtschaftsschule)" und es gilt dort als Prämisse u. a. ...die Schüler sollen Verantwortung für sich und andere entwickeln". Wohl ein Entwicklungsprozess, der sehr unterschiedlich ausfällt und früher wie heute für Lehrer eine Sisyphusarbeit darstellt.

[118] Das Problem, mit einem eingeführten Schulbuch ordentlich zu arbeiten, wird am Ende des 6. Kapitels aufgegriffen.

"Max wird auch an diesem Tag nicht mehr kommen...", sollte sich bewahrheiten. Dass die beiden Schülerinnen Anastasia und Barbara[119] heute bereits im Klassenraum anwesend waren, durfte als Glücksfall betrachtet werden. In letzter Zeit kamen sie oft ebenfalls verspätet, aber dann auch immer gleichzeitig, um sich gemeinsam stark zu machen gegen Lehrerschelte. Die Verspätungen bei diesen Schülerinnen waren kein Wunder, schließlich waren doch die Getränke- und Süßigkeitsautomaten nicht weit entfernt von den Mädchentoiletten.

Häufige Verspätungen aber auch Störungen im Unterricht, fehlende Hausaufgaben, mangelnde Konzentration und Mitarbeit? Sind diese **Symptome für das Schülerverhalten** heute typisch oder war dies früher auch schon so? Gibt es dieses Verhalten in derselben oder ähnlichen Form auch an anderen schulischen Standorten in der Bundesrepublik? Das fragte ich mich in diesem vorletzten Berufsjahr immer häufiger. Wäre so etwas in Offenburg oder im Kinzigtal oder in anderen noch „heilen" Orten der Republik auch an der Tagesordnung? Um dieses zweite Beispiel zu Ende zu führen, soll ein Rückblick auf die Anfangsjahre an meiner Ausbildungsschule in Freiburg[120] erfolgen. 1975/76 war ich dort Referendar und habe aus dieser Zeit durch passive und aktive Hospitation in der "Wirtschaftsschule" [121] über deren Schülerverhalten noch folgende Erinnerungen:

---

[119] Auch diese beiden Namen wurde abgeändert.

[120] Walter-Eucken-Gymnasium Freiburg, siehe 3. Kapitel

[121] heutige Bezeichnung: Kaufmännische Berufsfachschule für Wirtschaft

Zum Beginn der Unterrichtsstunde war es möglich, sinnvolle und kurze Wiederholungsintervalle mit dem Stoff der vorangegangenen Stunde durchzuführen. Störungen durch Unterrichtsverspätungen kamen nur in Ausnahmefällen vor. Die Schüler damals wussten, dass sie ihre Bücher und Hefte aufzuschlagen hatten und taten dies auch ohne Aufforderung. Nicht nur die Schüler aus den Schwarzwaldtälern arbeiteten konzentriert und diszipliniert mit und dies bei einer Klassengröße, die damals selten unter dreißig lag. Hausaufgaben wurden ordentlich erledigt und ließen sich leicht kontrollieren, eine aktive Mitarbeit im Unterricht erfolgte nicht nur durch einzelne Schüler, die Klasse beteiligte sich mehrheitlich. Allerdings war es damals auch nicht notwendig, ständig umherzuspähen ob ein Schüler oder eine Schülerin sich unter der Bank mit dem **Handy** oder dem **Smartphone** beschäftigte. Solch neumodisches Teufelszeug gab es damals noch nicht. Und die Schüler konnten sich auch physisch und psychisch auf die Aufgaben konzentrieren, die ihnen ausgeteilt wurden und die sie lehrergeleitet oder eigenverantwortlich zu bearbeiten hatten. **Gruppenarbeit** und **Partnerarbeit** gab es damals aber auch schon.

Den Bildungs- und Erziehungsauftrag nur in einem Paragrafen des Landesschulgesetzes festzuhalten genügt meiner Ansicht nach nicht, um das **Dilemma Erziehungsauftrag versus Fehlverhalten** der heutigen Schülergeneration zu lösen. In meinen letzten Berufsjahren musste ich zunehmend beobachten, dass Schüler die Haus- und Schulordnung nicht mehr so beachten, wie dies für einen reibungslosen Schulbetrieb Grundvoraussetzung ist. Weniger bei den Berufsschülern, eher bei den Schülern im Vollzeitbereich. Ob dies nur daran liegt, dass die Schüler der Sekundarstufe II und insbesondere diejenigen im Vollzeitbereich zwei Arbeitsplätze haben: Arbeitsplatz Schule und

Arbeitsplatz in einem Schülerjob? Dies wäre in Feldstudien über die ganze Republik zu recherchieren. Überhaupt darf bezweifelt werden, dass Schüler der Generation 2000 - 2012 die Schule als **ihren** eigentlichen "**Arbeitsplatz**" ansehen.[122] Und solange die Schulbescheinigungen das Kindergeld einfordern lassen, jedoch weder Schüler noch Eltern von der Haus- und Schulordnung etwas wissen wollen bzw. sich um deren Einhaltung nicht kümmern, kann die Schule auch ihren **Erziehungsauftrag** nicht zufriedenstellend bewältigen. Der heute teils fehlende, teils kümmerliche Dialog zwischen Schule und Elternhaus ist äußerst bedauerlich und wohl auch typisch für diese gesellschaftlichen Problemfelder: fehlender Respekt vor der Institution Schule und fehlende Primär- und Sekundärtugenden. Überhaupt: was wissen unsere Schüler und deren Eltern über die Schulpflicht?[123]

Das Dilemma, dass **die Schule** nicht mehr auf den Primär- und Sekundärtugenden ihrer Schüler aufbauen kann und diese nicht oder nicht mehr ausreichend im Elternhaus vermittelt werden, insbesondere in den ersten Lebensjahren, dürfte heute als Erklärungsmuster für Ursachen von **Lernschwierigkeiten** und **Verhaltensauffälligkeiten** dienen.[124]

---

[122] Der Job in einer Firma, oft ein 400 €-Job, ab einer bestimmten Altersstufe ausgeübt, hat Vorrang für viele Jugendliche bekommen, die oft sogar schon volljährig sind und dennoch in Vollzeitform die Schule besuchen.

[123] http://www.das-rechtsportal.de/recht/schulrecht/schulpflicht/default.htm

[124] vgl. Artikel: Vater, Mutter, Kind, von Johannes Röser, in 64. JAHRGANG 2012 WWW.CHRIST-IN-DER-GEGENWART.DE Freiburg, 06. Mai 2012, vgl. dazu:
http://www.christ-in-der-gegenwart.de/aktuell/artikel_angebote_druckversion?k_beitrag=3376250

Sprach ich Schüler auf fehlende oder verspätete Entschuldigungen an und verwies auf entsprechende Konsequenzen, die solches Verhalten an ihrem Arbeitsplatz im späteren Berufsleben nach sich ziehen würde, so hörte ich oft solche Kommentare wie "...dort (im Betrieb) würde ich das nicht machen..." und sie versicherten, dem zukünftigen Arbeitgeber eine ordentliche und rechtzeitige Entschuldigung vorlegen zu wollen. Warum aber dieses deutliche Auseinanderklaffen im Verhalten am schulischen Arbeitsplatz zum späteren Arbeitsplatz? Gibt es dafür plausiblere oder andere Erklärungen als fehlender Respekt vor der Institution Schule oder als fehlende Primär- und Sekundärtugenden? Sicherlich wäre es sinnvoll und pädagogisch angebracht, die Fehlzeiten im Zeugnis auszuweisen oder bei auffallendem Fehlen ärztliche oder sogar amtsärztliche Nachweise einzufordern.[125] Die ständige Gratwanderung als Klassenlehrer, den Schüler als Individuum mit seinen Stärken und Schwächen anzunehmen, zu fördern und zu fordern und gleichzeitig den Grundsatz der Gleichbehandlung zu verfolgen, ist eine Herausforderung, die jeden Lehrer ständig aufs Neue fordert und auf Dauer sogar überfordern kann. Dies jedoch sind die Herausforderungen eines an sich hochinteressanten Berufsbildes, aber diese Herausforderungen sind weit entfernt von der Aufgabe, fachlich guten Unterricht anzubieten.

---

[125] Allerdings gilt auch, dass jede Lehrkraft im Einzelfall entscheiden muss, mit welcher Erziehungsmaßnahme und Methode sie in der jeweiligen Situation ein Arbeitsklima schaffen und aufrechterhalten sowie die Lernziele und die Förderung der Schüler erreichen kann. Vgl.auch:
http://www.focus.de/schule/schule/recht/schulrecht/baden-wuerttemberg_aid_28668.html

In meinen Klassen des Kaufmännischen Berufskolleg I mussten die Schüler ein "Fehlzeitenblatt" [126] führen. Sinn und Zweck dieser Maßnahme sollte es sein, dass die Schüler/-innen im Alter von 17 bis 18 Jahren, kurz vor der Volljährigkeit stehend, eigenverantwortlich ihre Fehlzeiten verwalteten und im Sinne der Haus- und Schulordnung ihre Fehlzeiten, bestehend aus Fehlstunden oder Fehltagen, ordentlich zu entschuldigen lernten. Dies war ein mühsamer Prozess und manche lernten es nie oder wollten es auch nicht lernen, dass sie spätestens am dritten Tag einer ununterbrochenen Fehlzeit sich schriftlich entschuldigen mussten und spätestens beim Wiedererscheinen in der Schule ihr Fehlzeitenblatt mir als Klassenlehrer vorzulegen hatten.

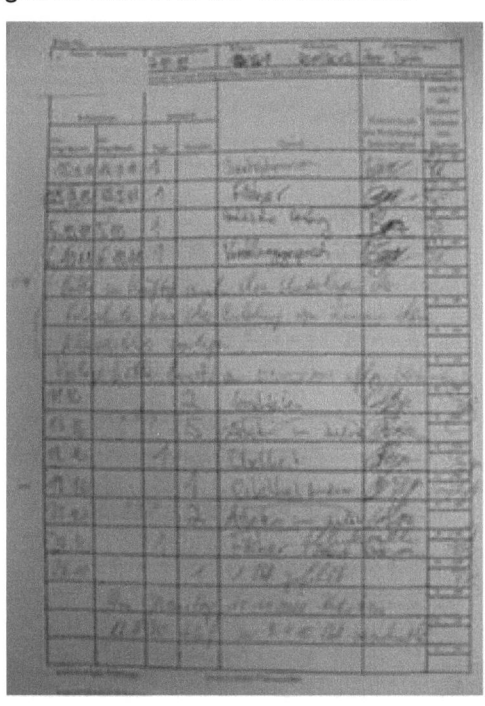

---

[126] Zwei Beispiele werden hierzu abgebildet, noch aus den Anfängen des Schuljahres 2011/2012 stammend. Diese mögen verdeutlichen, wie erstaunlich schnell sich Fehlzeiten häufen und recht früh ein volles Blatt ausmachen, dem weitere Blätter folgen. Oft aber auch weil Schüler ihr Blatt "verschlampen" und es nicht schaffen, sich selbst und ihre Fehlzeiten ordentlich "zu verwalten", auch dann nicht, wenn sie volljährig sind.

Krankheiten und erst recht, wenn Eltern diese Entschuldigungen schrieben, wurden auch voll akzeptiert. Auch das Fehlen bedingt durch Fahrprüfungen bei einer Fahrschule, bei Behördenbesuchen [127] und sonstigen privaten Anlässen waren durch entsprechende Bescheinigungen der Fahrschule, Behörden oder anderer Einrichtungen nachzuweisen. Dem wurde jedoch allzu oft nicht Genüge getan. Warum ist dies heute für die Schüler der Generation 2000-2012 oder deren Eltern nicht mehr „selbstverständlich"?

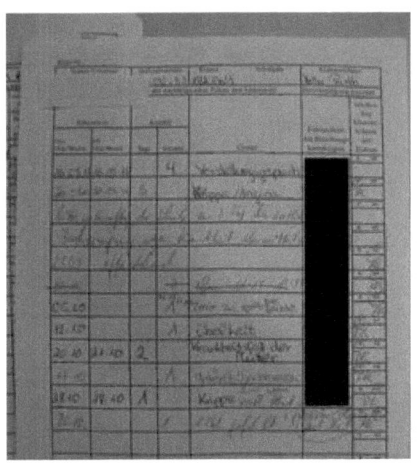

Wie als Klassenlehrer handeln, wenn als Entschuldigungsgrund häufig "Übelkeit" vorgebracht wird, oder Schüler Fehlstunden mit "verschlafen" auf dem Fehlzeitenblatt vermerkten, dies in der irrigen Annahme, dass man der Entschuldigungspflicht voll nachgekommen sei?

Nachsitzen als "pädagogische Maßnahme" im Sinne des Schulgesetzes [128] verfehlt heute nach meinen langjährigen

---

[127] Schüler mit Migrationshintergrund müssen oft ihre Eltern zu Behördengängen oder sogar zum Arzt begleiten, weil diese oft nicht genügend Deutschkenntnisse besitzen

[128] lt. § 90 SchG darf der Klassenlehrer bis zu zwei Stunden "nachsitzen" lassen. Eine erste Maßnahme, die zu weiteren abgestuften Maßnahmen führen kann, die jedoch hinsichtlich Ausschluss von der Schule nur durch die Schulleitung und in schwerwiegenden Fällen erst nach Prüfung des Einzelfalles ausgesprochen werden kann.

Beobachtungen die Wirkung, die früher solche Maßnahmen für eine Verhaltensänderung gebracht hätten. Ebenso unwirksam sind bei einer bestimmten Kategorie von Schülern auch "pädagogische Gespräche unter vier Augen" bis hin zu Sondermaßnahmen, wie Vorsprache beim Schulleiter oder "Patenschaften".

Und was die Notengebung im Falle von unentschuldigten Fehlzeiten betraf[129], so wurde dies erschwert durch die verspätete Vorlage oder sogar in Einzelfällen durch rückwirkend datiertes Ausstellen ärztlicher Atteste auf einen schulischen Fehltag. In diesen Fällen wäre der Dialog mit den Eltern dringend angebracht, wobei jedoch bei den volljährigen Schülern eine weitere Problematik sich aufwirft.[130]

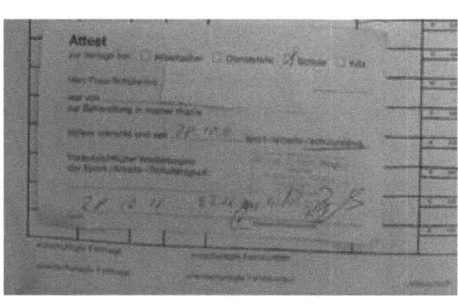

Obwohl ich ebenso wie die anderen BSK-Lehrer am ersten Schultag nicht nur ausführlich auf die Haus- und Schulordnung einging - meine Schüler mussten außerdem unter-

---

[129] So gilt laut § 8 Ziffer 5 der Notenbildungsverordnung des Landes Baden-Württemberg: Weigert sich ein Schüler, eine schriftliche Arbeit anzufertigen, oder versäumt er unentschuldigt die Anfertigung einer schriftlichen Arbeit, wird die Note "ungenügend" erteilt.
Vgl. auch: https://www.das.de/de/rechtsportal/schule-und-unterricht/schulpflicht/unentschuldigtes-fehlen.aspx

[130] So erinnere ich mich an einen Fall, in dem der Vater eines volljährigen Schülers es ablehnte von den Fehlzeiten Kenntnis zu nehmen und darauf hinwies, dass der Sohn zwar im selben Haus in einer Einliegerwohnung lebe, er als Vater jedoch nichts mit dem Verhalten des Sohnes zu tun habe und dass dieser volljährig sei.

schriftlich erklären, dass sie belehrt wurden und diese Haus- und Schulordnung ebenso wie die zur Benutzung von Handys zu ihren Unterlagen bekamen – war es jedes Schuljahr stets aufs Neue zu beobachten, wie schnell diese Regeln wieder vergessen oder einfach nicht beachtet wurden. Ein mühsamer Kampf, diese Regeln, über ein volles Schuljahr immer wieder einzufordern. Und ich konnte nachvollziehen, dass so mancher Kollege/Kollegin diesem "Kampf" überdrüssig wurde. Schließlich soll auch der Bildungsauftrag umgesetzt werden. Was jedoch ist wichtiger? **Bildung oder Erziehung**? Oder ist beides gleich wichtig?

An den Beruflichen Schulen Kehl (BSK) wird seit mehreren Jahren ein elektronisches Klassenbuch geführt. Im Prinzip ein gutes und sinnvolles Instrument, um alles zu verwalten und zu dokumentieren, was zum Schulalltag gehört. Auch die Fehlzeiten der Schüler. Einerseits mit einem großen Aufwand an Zeit verbunden, um all die Eintragungen zu machen, die erforderlich sind für den eigenen Unterrichtsablauf, aber auch für die Verwaltung der Schüler. Früher wurde dies alles in einem Klassenbuch dokumentiert, das dann aber – seltsam und unerklärbar – plötzlich im Laufe eines Schuljahres verschwand. Dieses elektronische Buch konnte in Kehl noch nicht gestohlen werden, doch denkbar ist, dass künftige Schülergenerationen sich auch hier als "Hacker" erfolgreich zu betätigen wissen.

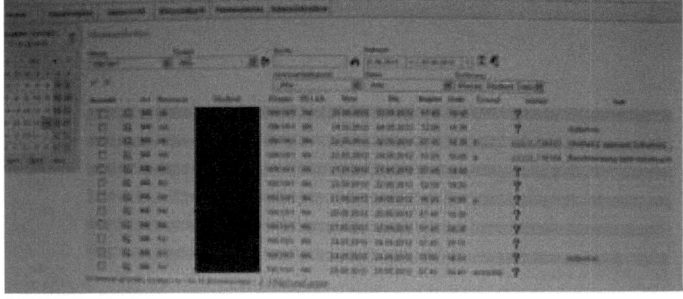

Dieser technische Fortschritt könnte dann als sinnvolle Verwaltung der Schülerfehlzeiten und als pädagogisch hilfreiche Unterstützung angesehen werden, wenn verordnet würde, dass Fehlzeiten im Schulzeugnis eingetragen und ausgewiesen werden müssen. Oder dass bei einer bestimmten Fehlzeitenquote ein Schuljahr zu wiederholen ist oder der Schüler aus der Schülerliste gestrichen wird.[131] An solch klaren Regelungen fehlt es jedoch, nicht nur in Baden-Württemberg, und wird wohl auf absehbare Zeit nicht umsetzbar sein.[132]

Die Regelung, dass Fehltage als entschuldigt oder unentschuldigt im Zeugnis ausgewiesen werden, kann im Bereich der Allgemeinbildung noch als sinnvolle Information für die Elternschaft erbracht und auch so angesehen werden. Im Beruflichen Schulwesen mit einer Vielzahl an ein-, zwei- und dreijährigen Ausbildungsgängen dürfen jedoch in Abschlusszeugnissen keine "negativen Formulierungen" enthalten sein. Und gerade der Ausweis von Fehltagen, egal ob entschuldigt – wegen Krankheit oder anderen Gründen – oder unentschuldigt, muss hier unterbleiben und ist politisch auch so gewünscht. Ob sich das Verhalten der "Klientel Schülerschaft" nachhaltig beeinflussen ließe, wenn Fehlzeiten im Zeugnis ausgewiesen würde, wäre zu hinterfragen.

---

[131] So wie dies in Frankreich bzw. an französischen Gymnasien im Ausland üblich ist. Vgl. hier die Regelung am Französischen Gymnasium in Berlin im Falle von unentschuldigten Fehlzeiten, Ziffer II.2.2:
http://www.fg-berlin.de/live/media/c/6/d9fd012acde2c84a769c77a5a24507.pdf

[132] Es darf auch zukünftig davon ausgegangen werden, dass Politiker, egal welcher Parteienzugehörigkeit, alle vier Jahre wieder gewählt werden wollen und sich mit der Klientel der Elternschaft nicht überwerfen möchten. Insbesondere dann, wenn es darum geht, schulgesetzliche Vorschriften zu erlassen, die für alle Schulen und alle Schularten gelten sollen.

Ein weiteres Dauerproblem stellen nach meinen Erfahrungen die häufigen Verspätungen von Schülern dar. Dies wird am Französischen Gymnasium in Berlin wie folgt geregelt:

"...Verspätungen werden von den Lehrkräften auf den Meldeformularen vermerkt. Verspätete Schüler müssen sich zuerst im Büro der „Vie Scolaire" oder im Büro der „C.P.E." melden und die Verspätung begründen. Erst dann können sie in ihre Klasse gehen.
Verspätungen müssen Ausnahmen bleiben. Im Falle wiederholter Verspätungen sind folgende Maßnahmen vorgesehen:
5 Verspätungen Nachbleiben
8 Verspätungen Verwarnung
12 Verspätungen Tadel
Ein vorübergehender Ausschluss vom Unterricht kann ebenfalls beschlossen werden." [133]

Das Einfordern der Primär- und Sekundärtugenden und die regelkonforme Einhaltung von Schulordnungen dürfte schon in früheren Zeiten zu den Erziehungsaufgaben aller Schularten gehört haben. Aus den letzten beiden Seiten meines Zeugnisheftes der Grundschule,[134] damals noch als „Volksschule" bezeichnet sind auf der nächsten Seite noch die ersten zehn „Spielregeln", die aus heutiger Sicht zum Schmunzeln aber auch zum Nachdenken anregen.

---

[133] Vgl. die Haus- und Schulordnung des Französischen Gymnasiums in Berlin, auf deren Seite 4.

[134] Hansjakobschule, Freiburg, Stadtteil Stühlinger, Oktober 1954 – März 1958

SCHULORDNUNG
FÜR DIE SCHÜLER DER VOLKSSCHULE

1. Vor deinem Gang zur Schule prüfe, ob du alle erforderlichen Schulsachen für den Unterricht gerichtet hast. Komme stets gewaschen, gekämmt und mit sauberen Kleidern und Schuhen zur Schule!
2. Komme rechtzeitig und pünktlich zur Schule!
3. Benimm dich auf dem Weg zur oder aus der Schule immer anständig und gesittet. Nimm insbesondere Rücksicht auf Gebrechliche, blinde und alte Leute. Seid untereinander verträglich und hilfsbereit!
Belästige und beschimpfe niemand!
Spiele nicht Fußball auf der Straße!
Hänge dich nicht an Fahrzeuge!
Wirf nicht mit Steinen und beschmutze nicht Wände und Türen der Häuser!
4. Wenn du zu spät in die Schule kommst, so entschuldige dich!
5. Während des Unterrichts sei aufmerksam!
Essen, Spielen und Unterhaltung mit deinem Nachbarn ist nicht erlaubt.
6. Auf Fragen deines Lehrers antworte in ganzen Sätzen! Lasse dir nichts von deinem Nachbarn einsagen und schreibe auch nichts von ihm ab. Setze deinen Stolz darein, deine Hausaufgaben sauber und selbständig zu machen.
Erfülle deine Pflichten immer treu und gewissenhaft!
7. Hast du einmal etwas Unrechtes getan, so versuche nicht, die Schuld auf andere zu schieben.
8. Halte deine Bücher und Hefte sauber!
Dein Schulzimmer ist dein Heim während des Unterrichts. Halte es sauber und beschmutze nichts! Für Beschädigungen, die du anrichtest, haften die Eltern!
9. Im Schulhaus verhalte dich ruhig und anständig, lärme nicht, springe nicht! Lehne dich auch nicht zum Fenster hinaus!
10. Kannst du wegen Krankheit nicht zur Schule, so mußt du spätestens am dritten Tage von deinen Eltern oder Fürsorgern entschuldigt werden. Dauert deine Krankheit länger als 14 Tage, so muß ein ärztliches Zeugnis vorgelegt werden.

Mit dem Problemfeld „Verhalten bei Fehlzeiten und Verspätungen" sollte in diesem Kapitel aufgezeigt werden, wie schwierig und anspruchsvoll es heutzutage im Schulbetrieb geworden ist, unsere Schüler zu erziehen. Sicherlich gibt es noch viele andere hier nicht besprochene Felder und Aufgabengebiete der schulischen Erziehung, aber mit den Worten von J. Röser sei nochmals deutlich an dieser Stelle ausgesprochen und festgehalten, dass Lehrer nicht Ersatzeltern sein können. Dennoch darf nicht verkannt werden, dass im Landesschulgesetz Baden-Württemberg sowohl der Bildungs- als auch der Erziehungsauftrag verankert ist. Im Zusammenhang mit der Problematik der Notengebung wird dies im nächsten Kapitel erneut aufgegriffen.[135]

Mehr über das Thema "Schulpflicht und Fehlzeiten" unter:

https://www.das.de/de/rechtsportal/schule-und-unterricht.aspx

http://www.helles-koepfchen.de/?suche=schulpflicht

http://de.wikipedia.org/wiki/Schulpflicht

http://www.landesrecht-bw.de/jportal/portal/page/bsbawueprod.psml?pid=Dokumentanzeige&showdoccase=1&js_peid=Trefferliste&documentnumber=1&numberofresults=1&fromdoctodoc=yes&doc.id=jlr-SchulGBW1983V30P75

http://www.anwalt.de/rechtsanwalt/fehlzeiten.php

Grafikquelle:
https://encrypted-tbn3.google.com/images?q=tbn:ANd9GcTpTkY1HZsoZqMcrQ7gLuO7gWkzPYzJ4ilnpLXzrlAr38JcabQt

---

[135] "...Lehrer sind jedoch keine Ersatzeltern. Umgekehrt sind und bleiben die Eltern die ersten Lehrer ihrer Kinder - von Anfang an, ein ganzes Leben lang, auch in der Art, wie Mann und Frau miteinander umgehen, wie sie Probleme meistern, wie sie schließlich altern, leiden und sterben. Manche Teile der Gesellschaft scheinen allmählich allerdings zu spüren, dass in den Erziehungsfragen Grundlegendes schiefläuft." Vgl. Artikel: Vater Mutter Kind aus: 64. JAHRGANG 2012 WWW.CHRIST-IN-DER-GEGENWART.DE Freiburg, 06. Mai 2012

Irrtum Nummer fünf: Die Notenskala von eins bis sechs ist ausreichend für die Beurteilung schulischer Leistungen

Schulnoten sind und waren schon immer ein ganz besonders „heißes Eisen".[136] Welcher Erwachsene erinnert sich nicht an seine eigene Schulzeit und an die Noten, die er im Laufe der Jahre in verschiedenen Fächern und in unterschiedlichen Schularten durch seine Lehrer erhalten hatte? Noten, die anspornen konnten aber auch Noten, die leidvoll waren.[137] Leistungen wurden damit beurteilt. Richtig oder nicht richtig, gerecht oder ungerecht, wohlwollend oder strafend? Zeugnisse, die über Versetzung und den Verlauf der weiteren Schulkarriere, aber auch über die berufliche Entwicklung entscheiden können.

In den ersten vier Jahren meines eigenen Schülerdaseins von 1954 - 1958 erinnere ich mich nicht nur an strenge und

---

[136] Vgl. dazu auch: http://www.familien-wegweiser.de/wegweiser/stichwortverzeichnis,did=120518.html
In diesem Familien-Wegweiser des Bundesministerium für Familie, Senioren, Frauen und Jugend heißt es wie folgt: „Für manche Kinder sind die ersten Noten eine wichtige Erfahrung. In vielen Klassen entbrennt ein Wettkampf der Schüler um die besten Zensuren. Kinder lernen nun, sich an den eigenen Leistungen und an denen anderer messen zu lassen, mit Enttäuschungen umzugehen und Konsequenzen aus Misserfolgen zu ziehen."

[137] „Mehr als ein Viertel aller Schüler hat Angst vor einem Versagen in der Schule, in Gymnasien sogar rund jeder Dritte. Diese Angst beeinträchtigt das allgemeine Wohlbefinden und kann auch ernste gesundheitliche Folgen haben. In vielen Fällen führen schlechte Zeugnisse und Noten zu belastenden Dauerkonflikten in der Familie. Eltern sind enttäuscht, dass ihre Wünsche und Erwartungen nicht erfüllt wurden, Schülerinnen und Schüler schämen sich häufig, gestehen es sich und anderen jedoch nicht ein. Die meisten haben in Wahrheit große Angst, nicht versetzt zu werden." So die Aussage im oben zitierten Familien-Wegweiser unter "Schule: Zeugnisse und Versetzung".

autoritäre Lehrerinnen und Lehrer[138] in der Grundschule der Hansjakobschule im Stadtteil Stühlinger in Freiburg, die mir außer Lesen und Schreiben, Rechnen und Singen, auch die Kunst der Schönschrift zu vermitteln hatten. Dies mit unterschiedlichem Erfolg. In diesen ersten vier Jahren der Grundschule gab es zwar stets die erhofften Versetzungen, aber die Noten bewegten sich überwiegend im Bereich „befriedigend", am Ende der vierten Klasse gab es jedoch bei Schönschrift nur ein „ausreichend". Und ich hasste dieses Fach.

Darüber waren meine Eltern wohl nicht besonders glücklich, deren Erwartungsdruck habe ich noch heute in besonderer Erinnerung.[139] Die Entscheidung, dass sie mich dann jedoch nicht in eines der Freiburger Gymnasien steckten, sondern „nur" in den Mittelschulzug der Hansjakobschule beruhte auf dem Umstand, dass ich durch häufige Angina-Erkrankungen, bereits in der Grundschule um gute Noten zu kämpfen hatte, auch in den ersten Jahren der Mittelschule. So hatte ich in

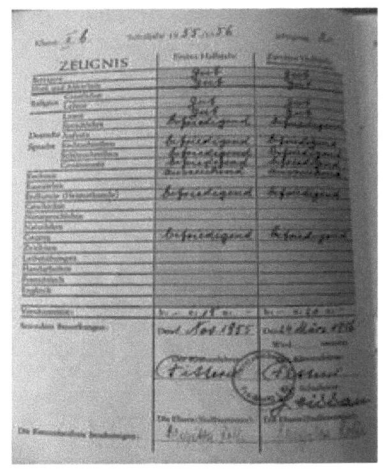

---

[138] Den Begriff von der „Kuschelpädagogik" gab es damals noch nicht, ebenso wenig wie das Einrichten von „Kuschelecken" im Klassenzimmer einer Grundschule.

[139] Wohl auch darauf zurückzuführen, dass mein Vater, meine Mutter und meine vier Jahre ältere Schwester, selbst gute Schulzeugnisse hatten.

der Klassenstufe 5 im ersten Jahr der Realschulzeit[140] noch ein gemischtes Notenbild, das von gut bis ausreichend sich hinzog. Die Note ausreichend hatte ich im zweiten Grundschuljahr 1955/1956 in einem Fach, das später eines meiner besten Fächer wurde: Rechnen; ab Klassenstufe 7 dann Algebra und Geometrie.

Mein eigentliches „Lieblingsfach" war jedoch Chemie, weniger Physik. So schaffte ich es ab Klassenstufe 9 im Fach Chemie zu einem „sehr gut", die beste Note im deutschen Schulsystem. Ich hatte damals Mühe meine Klassenkameraden zu verstehen, die mit Molekularstrukturen nichts anzufangen wussten und für die es viele „schwarze Löcher" auf dem Gebiet der organischen und anorganischen Chemie gab. Deswegen schwankte ich auch am Ende meiner Schullaufbahn in der damaligen Wirtschaftsoberschule in Freiburg, heute als Walter-Eucken-Gymnasium bekannt, hinsichtlich meines Studienwunsches. Eigentlich sollte dies die Welt der Chemie sein. Warum auch nicht?

Stolz war ich jedoch am Ende der Realschulzeit, dass es mir in Klassenstufe 10 gelungen war, meinen Freund Jürgen W. zu „überholen" und ein noch besseres Zeugnis als er zu erhalten, sogar den Schulpreis.[141] In den Jahren davor hatte mir Jürgen diesen Preis stets „weggeschnappt", obwohl sich meine Zeugnisse auf jeder Klassenstufe weiter verbesserten. Er zählte zu einem meiner besten Freunde. Wir wurden von anderen sogar als so etwas wie „siamesische Zwillinge"

---

[140] Diese Schulart wird heute als Realschule bezeichnet. Die heutige Hansjakob-schule in Freiburg/Br. ist inzwischen eine reine Realschule und keine Grund-/Hauptschule mehr.

[141] Dem abgebildeten Abschlusszeugnis der Realschule auf der nachfolgenden Seite zu entnehmen.

bezeichnet. Wir waren nämlich nicht nur in der Realschule über alle Jahre hinweg zusammen, drückten auch Seite an Seite die Schulbank über alle sechs Realschuljahre, danach ebenso die drei Jahre im Wirtschaftsgymnasium in Freiburg. Wir waren gemeinsam bei den Ministranten der Herz-Jesu-Pfarrei im Stadtteil Stühlinger, in der Jugendgruppe der KJG und gemeinsam kickten wir auch in de B-Jugend und A-Jugend des Sport-Club Freiburg (SCF).

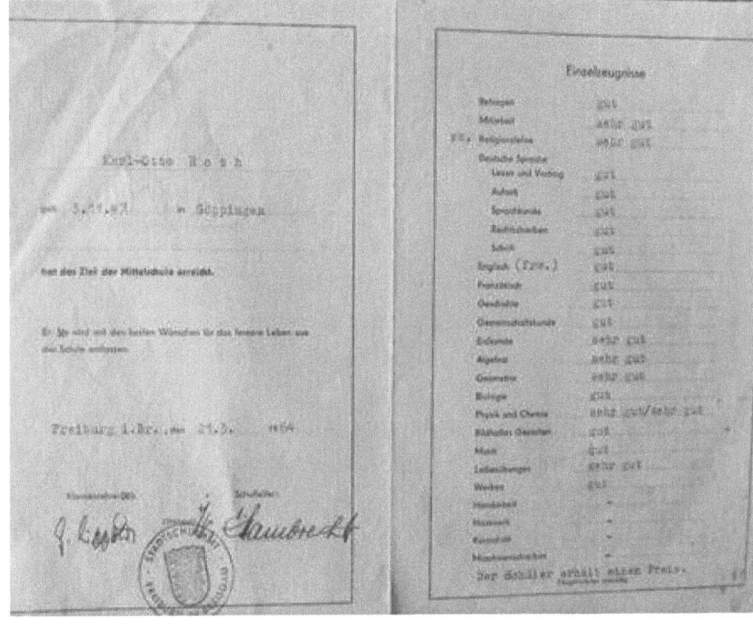

Und auch später verbanden uns gemeinsame Zeiten beim Militär. Die Grundausbildung verbrachten wir gemeinsam in Germersheim, jedoch in zwei verschiedenen Kompanien, danach waren wir beide in Mannheim im Nachschubwesen der Luftwaffe, absolvierten zeitgleich und gemeinsam den Fahnenjunkerlehrgang in Fürstenfeldbruck und den Fähnrichlehrgang in Hamburg, um danach getrennt an zwei verschiedenen Standorten in Leimen/Pfalz und in Worms den Rest der zwei Jahre als Militärzeit zu verbringen.

Danach wählten wir beide jedoch wieder gemeinsam den Studiengang der Volkswirtschaftslehre in Freiburg, wobei er ein Jahr früher als ich mit dem Diplom abschloss. Danach trennten sich unsere beruflichen Wege: Während er in die Pharmaindustrie ging, zuerst nach Karlsruhe dann nach München, wählte ich den Lehrerberuf. Zunächst blieb ich in Freiburg, später nach dem ersten Auslandseinsatz in Brasilien, wurde Kehl am Rhein mein neuer „Standort".
Ich bin mir sicher, dass Jürgen auch im Lehrerberuf gut angekommen wäre, für ihn vielleicht die bessere Entscheidung, möglicherweise auch lebensbeeinflussend. Seine Begabung für die Musik hätte er im Lehrerberuf zumindest nebenberuflich besser pflegen können. Hypothetisch anzunehmen, dass sein früher Tod als Folge einer Krebserkrankung auch mit seiner beruflichen Entwicklung zusammenhing.

War es eine Art von Wettbewerb zwischen uns beiden? In den sprachlichen Fächern (Französisch, Englisch) und Musik sowie Deutsch war Jürgen mir zweifellos überlegen. Meine Stärken lagen eher auf dem Gebiet der Mathematik, Physik und Chemie. Dies sollte sich auch in der Oberstufe auf dem Wirtschaftsgymnasium fortsetzen.

Hinsichtlich der deutschen Notengebung musste ich auf der Oberstufe des Wirtschaftsgymnasiums feststellen, was es heißt, wenn die Note fünf und damit ein „mangelhaft" im Schulzeugnis auftauchen könnte. Dies drohte mir im Fach Französisch, das ich eigentlich liebte und dies nicht nur, weil ich wiederholt in verschiedenen Jahren einen Schüleraustausch mit einem Freund in Reims/Frankreich erleben durfte und mich damit in der französischen Umgangssprache relativ gut entwickelte. Überhaupt, die französische Lebensart hatte es mir bereits in frühen Jahren sehr angetan. Ebenfalls drohte mir die Note „mangelhaft" im Fach Englisch, das in der Realschule erst ab Klassenstufe 9 unterrichtet wurde.[142] In beiden Fächern gab es für mich plötzlich gewaltige Niveauunterschiede im Vergleich zum Unterricht in der Realschule. Im Fach Französisch, das ich sehr liebte, ging es nicht nur um Unterhaltung, Konversation und Aktualitäten des Landes Frankreich in Politik, Wirtschaft und Kultur, sondern um literarische Texte bis hin zu archaischen Sprachbegriffen.[143] Plötzlich ging es für mich darum, nicht nur die die Grammatik des Alltagsfranzösisch zu beherrschen, sondern mich mit französischer Literatur anzufreunden, darunter „Le Cor" von Alfred de Vigny, nach dem „Chanson de Roland", und auch Werke von Victor Hugo, Alfred de Musset, Honoré de Balzac, Gustave Flaubert, Emile Zola, um nur einige zu nennen. Ich gelangte in eine neue „französische Welt", musste aber plötzlich 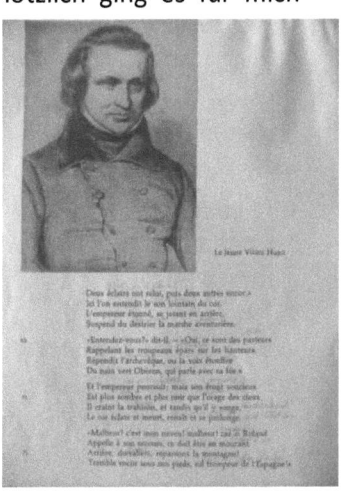 feststellen, dass meine Zeugnisnote im Fach Französisch

---

[142] In Baden-Württemberg wurde Französisch in meiner Schulzeit als erste Pflichtfremdsprache obligatorisch unterrichtet, erst danach kam Englisch als zweite Fremdsprache ins Spiel. Diese zweite Pflichtfremdsprache war notwendig, um an der damaligen Wirtschaftsoberschule in Freiburg/Br. die Allgemeine Hochschulreife zu erwerben, was ich jedoch während der Realschulzeit noch nicht wissen konnte.

[143] So legte ich mir damals einen dicken Ordner zu, um Verben und Ausdrücke, die in der französischen Alltagssprache kaum vorkamen, festzuhalten. Daraus entstand dann fast ein Buch.

von Note zwei in der Realschule sich plötzlich in eine Note vier verschlechterte um in der Unterprima sich wieder in eine drei zu verwandeln. Dennoch, bis heute liebe ich unverändert die französische Sprache und auch die Lebensweise der Franzosen. Ich behaupte von mir, eher frankophil als anglophil zu sein. Mein französisches Schulbuch aus der Zeit der Wirtschaftsoberschule, eine Zeit, in der es die Lernmittelfreiheit noch nicht gab, ist mir damals ans Herz gewachsen und wurde bis heute als ein Schatz aufbewahrt. Ein wertvoller Schatz, von dem auch meine französische Ehefrau behauptet, dass dieses Buch[144] ein hohes Niveau an Sprachkompetenz abverlange. Ein Niveau, das heute auch in Frankreich nicht mehr selbstverständlich für den Normalfranzosen sei, geschweige denn für einen Deutschen.

Die Klippe im Fach Englisch war aber weit gewaltiger und zum ersten Mal in meiner Schullaufbahn war ich gezwungen, Nachhilfeunterricht zu nehmen. Dies zusammen mit meinem Freund Jürgen. Die damaligen Unterschiede zwischen Realschule und Oberstufe des zum Abitur führenden Wirtschaftsgymnasiums gelten auch heute unverändert und erklären die Bedeutung der Jahrgangsstufe 11 mit ihrer „Scharnierfunktion" für die Leistungs- und Grundkurse der Jahrgangsstufen 12 und 13.

---

[144] La Civilisation Française, Hirschgraben Verlag, Frankfurt, 1964

Die Note, die mir in meinem Reifezeugnis[145] den größten Verdruss bereitete, war die Mathematiknote. Dank guter Grundlagen aus der Realschulzeit hatte ich durchgängig in Obersekunda und Unterprima die Note „gut" erhalten. Bedingt durch die Umstellung auf das erste Kurzschuljahr 1966 gab es in diesem und einigen anderen Fächern jedoch keine schriftliche sondern nur eine mündliche Prüfung. Meine Prüfer waren von meinen Kenntnissen über die „Schachtelung des e-Beweises" wohl nicht allzu begeistert und ich durfte an mir selbst feststellen, dass schriftliche und mündliche Prüfungen zu höchst unterschiedlichen Noten führen können. Die Note „sehr gut" im Fach Chemie fand als Leistungsnote beim Abschluss der Unterprima auch als beste Note Eingang in mein Reifezeugnis, aber schon damals nahm ich Abstand vom Studienwunsch in diesem Fach. Das Studium der Chemie wäre zwar in Freiburg möglich gewesen, hätte mir jedoch zu lange gedauert, auch mit der Überlegung, dass die Promotion in diesem Fach angebracht gewesen wäre.

Da meine Eltern damals nicht bereit bzw. die Mittel zu knapp waren, um mir ein Auswärtsstudium in Köln, München oder anderswo zu finanzieren, beschloss ich zuerst den Militärdienst[146] mit zwei Jahren freiwillig bei der Luftwaffe hinter mich zu bringen. Danach sollte es das Studium der Volkwirtschaft in Freiburg an der Albert-Ludwig-Universität sein. Jürgen kam wohl zum gleichen

---

[145] ausgestellt am 05.10.1966, dies am Ende eines ersten „Kurzschuljahres", bedingt durch die Umstellung der Schuljahre bis dahin endend März/April auf den Sommertermin Juni/Juli.

[146] Da es damals noch keine Ersatzdienste bzw. den Zivildienst gab wie in den 70er Jahren, waren für mich zwei Jahre als Soldat auf Zeit angebracht, um insbesondere mit der Vergütung etwas für das Studium anzusparen und unabhängiger vom Elternhaus zu werden.

Entschluss wie ich, oder war es umgekehrt? War er es, der mich beeinflusste? Mit Sicherheit war es nicht die Note „gut" für Volkswirtschaftslehre im Reifezeugnis.

Was wir beide damals im Unterricht der Wirtschaftsoberschule über die Volkswirtschaftslehre erfuhren, war eigentlich recht wenig im Vergleich zu den heutigen Lehrplänen für die Wirtschaftsgymnasien in den Jahrgangsstufen 12 und 13. Die Kenntnisse in Mikro- und Makroökonomie, die dem heutigen Wirtschaftsabiturienten in Baden-Württemberg abverlangt werden, entsprechen in etwa der Stufe des heutigen Vordiploms, die ich in Freiburg am Ende des vierten Semesters erreichte. Mit dieser Einstufung wird deutlich, dass sich heutzutage die fächerspezifischen Inhalte im schulischen und im universitären Bereich stark ausweiten und heute mehr an Leistung abverlangen als früher.

Abschließend darf ich feststellen, dass es mit dem Ende des ersten Kurzschuljahres im Oktober 1966 außer mir noch weitere dreizehn glückliche Abiturienten gab, nur zwei davon waren aber weiblich. Zehn von uns kamen aus verschiedenen Realschulen, darunter die beiden Mädchen. Begonnen hatten in der Obersekunda mehr als zwanzig Schüler, einige aus verschiedenen Gymnasien in Freiburg, aber auch aus München,[147] einer kam aus dem Jesuitenkolleg in St. Blasien/Schwarzwald. Kurt Rettenberger, vom Bodensee stammend, bewährte sich als Torhüter bei der damaligen Amateurmannschaft des SC Freiburg,[148] er hatte

---

[147] Christoph Aschoff entstammte einer berühmten Arztfamilie und ich erinnere mich, dass es in Freiburg noch heute einen Aschoffplatz gibt. Was aus diesem Christoph allerdings geworden ist, entzieht sich meiner Kenntnis. Christoph Aschoff ist auf dem Abiturientenfoto – nächste Seite - am Tag der mündlichen Reifeprüfungen als vierter von links - hinten - abgebildet. Ich selbst bin sichtbar als dritter von rechts, hinter Vera, die ebenfalls mit mir in der Realschule Hansjakob war, ebenso auf dem Passfoto des Jahres 1998. Mein Freund Jürgen W. steht als vierter von rechts, hinter Vera und Bärbel, die von einer anderen Realschule aus Freiburg stammte.

[148] Aber "reine" Amateure waren diese Kicker schon damals nicht mehr.

bereits eine Lehre hinter sich und war deutlich älter als ich. Ihm durfte ich Nachhilfe in Mathematik geben, jedoch auch dessen Torwartkünste in der ersten Mannschaft des SCF (Sport Club Freiburg) bewundern. Das Ausleseprinzip bzw. das Versetzungsprinzip dezimierte jedoch deutlich unsere Gruppe von zwanzig Schüler/-innen, die im Sommer 1964 begonnen hatten und ich behaupte, dass es heute leichter geworden ist, versetzt zu werden. Unter uns vierzehn Abiturienten kamen neun von Realschulen und wir mussten uns über eine Aufnahmeprüfung „quälen", die alles andere als leicht war. Im Gegensatz dazu genügte es den Gymnasiasten, ein Versetzungszeugnis nach Klassenstufe 11 (Obersekunda) zu haben. Für diese gab es dann keine Aufnahmeprüfung. Doch von denen waren am Ende nur noch vier dabei. Also Zahlen, die deutlich sprechen.[149]

---

[149] Die Problematik des Nichtversetzens als volkswirtschaftliche „Verschleuderung von Ressourcen",das Fördern und Fordern von Schülern, wurde bereits ausführlich im ersten Kapitel im Zusammenhang mit den Betrachtungen über das finnische Erfolgsmodell der Gemeinschaftsschule angestellt.

Die Noten am Ende der Schullaufbahn waren auch in meinem Falle, so wie bis heute unverändert auf- bzw. abgerundete Noten. Ob dies eine „gute" oder „schlechte" zwei oder drei war, ließ sich damals genauso wenig wie heute aus den Schulzeugnissen ersehen.

Werden mit diesen Noten die schulischen Leistungen richtig bewertet? Wurden mit diesen Auf- oder Abrundungen nicht auch tiefgehende Ungerechtigkeiten und „Verletzungen" in Schülerherzen geschaffen, die manche bis in das Erwachsenenalter und darüber hinaus zeitlebens mit sich herumschleppen. Sind nicht Zeugnisse „gerechter", die wie mein Prüfungszeugnis der Universität Freiburg am Ende des Studiums der Volkswirtschaftslehre in den verschiedenen Fächern die Leistungen in Form von Dezimalnoten aufweist? Hat nicht eine 2,6 im Fach Betriebswirtschaftslehre eine deutlich andere Aussage als die Note 3,4 in einem anderen Fach? Schulische Zeugnisse würden in diesem Falle beide Fächer mit der Note befriedigend ausweisen.[150]

Aber auch am Ende meiner Ausbildungszeit für das höhere Lehramt an kaufmännischen Schulen gab es für die Prüfung zum Assessor nur gerundete Noten. In meinem Falle war der Gesamtdurchschnitt eine 2,5 und damit das Gesamtergebnis „befriedigend". Eine Note, die damals – 1976 – problemlos für die sofortige Anstellung in Freiburg war und ich hätte damals unter vielen Schulstandorten in ganz Südbaden meine Stelle wählen können. Damals wurden auch solche Assessoren übernommen, die nur eine 3,5 als Note bekommen hatten. Diese Notenanforderungen haben sich

---

[150] Im Wortlaut meines Prüfungszeugnisses als Diplom-Volkswirt - siehe nächste Seite - wird nicht von Noten gesprochen, sondern von „Urteilen" in den einzelnen Prüfungsfächern.

jedoch im Laufe der letzten Jahrzehnte gewaltig geändert. So kann es eigentlich nur ein Kopfschütteln auslösen, dass ein Bewerber für das höhere Lehramt Jagd machen muss auf Noten, die zwischen 1,1 und 1,9 liegen müssen, um die begehrte Anstellung im Schuldienst zu bekommen.

Wahnsinn mit Methode und Stress ohne Ende! Warum wird nicht angestrebt, dass man in deutschen Landen die Bewerber des Lehramts wie bisher in allen Fächern intensiv und bestens ausbildet und danach prüft, jedoch letztlich zu einem Gesamturteil kommt, das nur heißen kann: „Bestanden" oder „nicht bestanden" bzw. „geeignet" oder „nicht geeignet"? Es wäre angebracht festzustellen, dass ein Lehramtsbewerber geeignet oder nicht geeignet ist für den lebenslangen Beruf als Lehrer. Kennen wir nicht seit Shakespeare die Tragödie von „Sein oder Nichtsein, das ist hier die Frage".

Auf der nächsten Seite weist mein Prüfungszeugnis am Ende der Referendarausbildung für das höhere Lehramt an kaufmännischen Schulen das Gesamtergebnis „befriedigend" aus. Somit die Rundung, wie dies bei den Schulnoten schon seit Jahrzehnten der Fall ist. Eine 2,4 ergibt die Note „gut", eine 2,5 jedoch die Note „befriedigend", obwohl die Schrittweite im Gesamtergebnis nur eine 0,1 ist. Gerecht?

In den Vorbemerkungen der Notenbildungsverordnung des Landes Baden-Württemberg steht gleich zum Beginn:

„Der Erziehungs- und Bildungsauftrag der Schule erfordert neben der Vermittlung von Kenntnissen, Fähigkeiten und Fertigkeiten auch die Vermittlung von Werten und Wertvorstellungen wie sie im Grundgesetz, in der Landesverfassung und in § 1 des Schulgesetzes niedergelegt sind. Der Lehrer als Erzieher benötigt zur Verwirklichung seiner Aufgaben einen pädagogischen Freiraum, bei der Leistungsbeurteilung einen pädagogischen Beurteilungsspielraum. Dem tragen die nachfolgenden Regelungen zur Notenbildung dadurch Rechnung, dass sie sich auf ein Mindestmaß beschränken und insbesondere regeln, worauf im Interesse der Chancengerechtigkeit der Schüler nicht verzichtet werden kann. Dies erfordert andererseits, dass der Lehrer seinen pädagogischen Beurteilungsspielraum, den er

im Interesse des Schülers hat, verantwortungsvoll nutzt." [151]

---

[151] http://www.landesrecht-bw.de/jportal/?quelle=jlink&query=NotBildV+BW&psml=bsbawueprod.psml&max=true
Und auch: http://schulrechtplus.luchterhand.de/sr-srbwplus/lpext.dll/Infobase/srbw_007/srbw_007_001/srbw_007_001_001?f=templates&fn=document-frame.htm&2.0

Folgt man den Ausführungen von Johannes Lambert,[152] So wird deutlich, dass die Notengebung im Dienst der Chancengleichheit steht, aber auch schulische Leistungen messen und nachweisen soll. Diese Leistungsmessung, beginnend im 18. Jahrhundert, sei nicht aus pädagogischen sondern gesamtgesellschaftlichen Gründen eingeführt worden. Und weiter liest es sich bei Lambert so:

„Nach dem Prinzip der Chancengleichheit sollen über den Zugang zu begehrten Positionen nicht Herkunft, Beziehungen oder die finanzielle Ausstattung, sondern ausschließlich die Tüchtigkeit des Einzelnen entscheiden. Dann aber ist eine nach allgemeinen Anforderungen definierte Leistungsmessung erforderlich - eine Aufgabe, mit der nach den Traditionen in Deutschland vorwiegend die Schulen beauftragt sind."

Grafikquelle:[153]

Im Laufe meiner 37 Dienstjahre als Berufsschullehrer wurde mir dabei mehr und mehr bewusst, dass diese Leistungsmessung einerseits die vornehme Aufgabe eines Lehrers darstellt, die

---

[152] Ministerialrat, Kultusministerium Baden-Württemberg; ein mehrseitiger Kommentar mit Ausführungen über die Grundsätze der Notenbildung. In digitaler Form auf einem USB-Stick allen Lehrkräften der Beruflichen Schulen Kehl ausgehändigt.
Vgl. auch: http://www.buecher.de/shop/landesrecht-baden-wuerttemberg/schulgesetz-baden-wuerttemberg-kommentar/lambert-johannes-mueller-wolf-ulrich-sutor-a/products_products/detail/prod_id/24230682/

[153] https://encrypted-tbn1.google.com/images?q=tbn:ANd9GcRZMoV5PShIKXsjZrTmVEyC6h3a5M9IVJhy3Y_H4kOe0rf2nT5B

große pädagogische Freiräume umfasst, jedoch auch strenge, formale Kriterien fordert. Als ausgesprochen hilfreich hat es sich in den letzten Jahren meines Fachunterrichts in allen Klassen der Berufsschule und des Kaufmännischen Berufskolleg I erwiesen, dass ich die Klassenarbeiten mit einer kompletten Lösung zurückgab, die es dem Schüler erlaubte, sein „Produkt" daraufhin zu überprüfen, wo seine Fehler lagen und ihm zeigten, wo er wertvolle Punkte verschenkte. Die oft endlos langen Diskussionen um Punkte und Inhalte bei der Rückgabe von Klassenarbeiten wurden damit überflüssig.

Andererseits war es wichtig, den Gleichheitsgrundsatz stets zu beachten, so dass bei gleicher Punktzahl auch dieselbe Note für alle Schüler erteilt wurde. Kam es bei der Addition von Punkten durch mich zu Fehlern oder wurden gelöste Aufgabenteile übersehen, so mussten diese sofort nachgebessert werden. Eigentlich eine Selbstverständlichkeit.
Wie solch eine Muster-Klassenarbeit mit Lösung im Fach Steuerung und Kontrolle (STK) in einer Berufsschulklasse für Fachkräfte der Lagerlogistik mit dem Thema „ Grundlagen der Buchführung" aussieht zeigt sich auf der nächsten Seite.

Die dazu richtige Lösung - abgebildet auf der übernächsten Seite - sollte außer der Transparenz für die erteilte Note den Schüler befähigen, am Ende der Ausbildungszeit und noch rechtzeitig vor den Abschlussprüfungen in kurzer Zeit den Lernstoff sinnvoll und eigenständig zu wiederholen. Meine Lösungsvorschläge waren inhaltlich und qualitativ weit ausführlicher als die Lösungsvorschläge, die die Schüler bei den Prüfungsaufgaben mit Lösungen aus den Vorjahren oft in ihren Händen hatten. Deren Lösungen waren teilweise inhaltlich unbefriedigend oder sogar fehlerhaft.

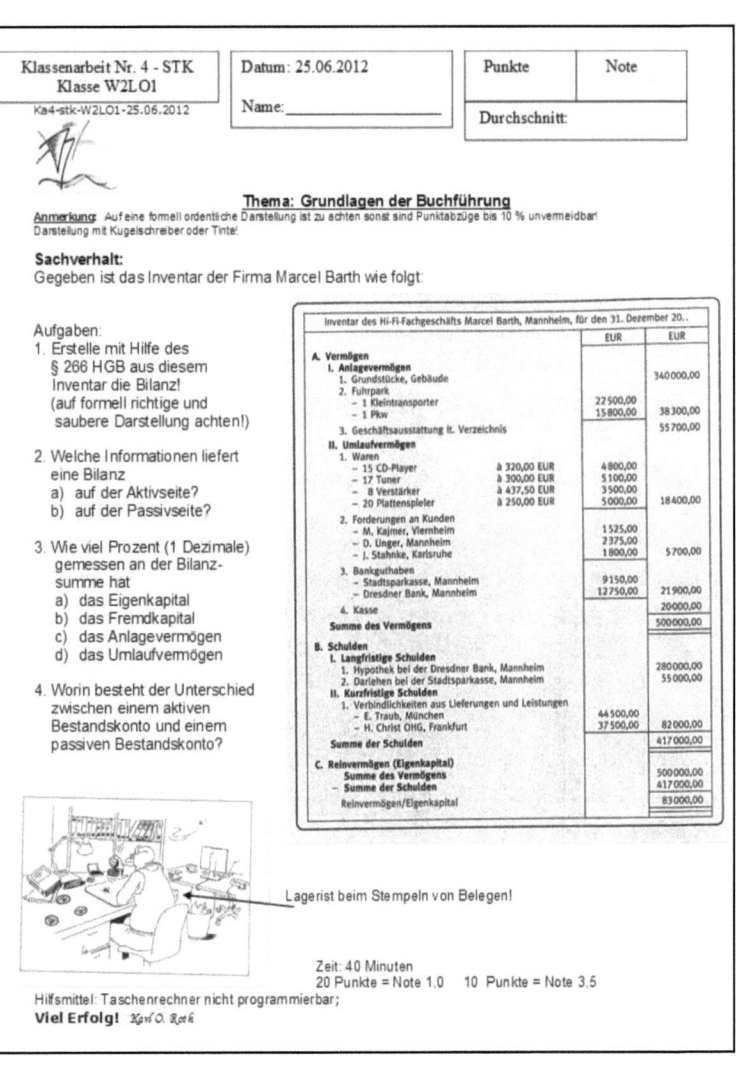

Priorität für alle meine Klassenarbeiten war jedoch - und dies nicht nur im Fach Steuerung und Kontrolle (STK) - noch viel mehr im Fach Betriebswirtschaft oder Gesamtwirtschaft, dass diese lehrplangerecht und aktuell waren und den Lernstoff der vorangegangenen Unterrichtseinheiten adäquat abverlangten.

Muster des Lösungsvorschlags für die voranstehende Klassenarbeit in einer Berufsschulklasse im Jahr 2012 – Fachkräfte für Lagerlogistik – Grundlagen der Buchführung:

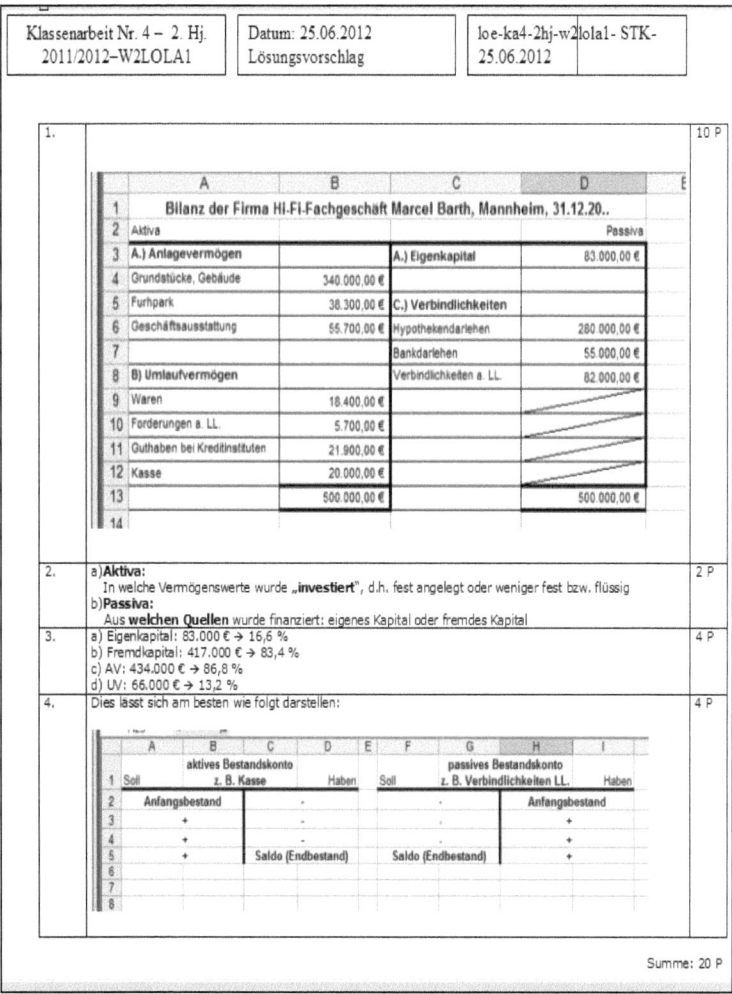

Als ebenso hilfreich hat es sich für mich erwiesen, dies ganz im Sinne des Transparenzerlasses, am Ende eines Halbjahres und erst recht am Ende des Schuljahres, den

Schülern mitzuteilen, wie sich ihre Leistungen zusammensetzten.[154] Die Bekanntgabe der prozentualen Gewichtung für Klassenarbeiten, Tests, sonstige Leistungen, Mitarbeit und Hausaufgaben wurde bereits zum Beginn des Jahres festgelegt.[155]

Das Problem, dass Hausaufgaben evtl. gemeinsam angefertigt oder nur abgeschrieben wurden, warf oft den Konflikt der „Gleichbehandlung" auf. Erstaunlich auch meine Beobachtungen mit zunehmender Dauer des Schuljahres, dass viele Schüler im Kaufmännischen Berufskolleg ihre Hausaufgaben nicht mehr machten, obwohl sie wussten, dass die Kontrolle in der Schulstunde oder auch in „Hausarbeit" des Lehrers erfolgen würde.

So zeigt sich im Falle des Fachs „Betriebswirtschaftslehre" im Kaufmännischen Berufskolleg I die Notengebung bei zwei Schülern wie folgt:

14	Klasse: 1BK1W1 BWL						Notenliste 2011_2012 - Gesamtes Schuljahr				
15			T1	Mit/H.	Rast.	KA1	KA2	ZKA	D-2.Hj	D-1.Hj.	Djahr	Z
16	Schuljahr 2011/2012		26.01.		08.05.	16.03.	04.05.	06.07.				
17	3	B. H.	2,4	3,7	3,3	3,9	5,5	4,5	4,34	3,38	3,86	4
18			5%	10%	5%	20%	20%	40%	100%	100%		
19												
20												

---

[154] Vgl. § 7 (3) NVO BW und auch:
http://de.wikipedia.org/wiki/Notenbildungsverordnung_%28Baden-W%C3%BCrttemberg%29
[155] Hausaufgaben wurden über einen längeren Zeitraum nicht nur daraufhin beobachtet, dass diese auch ordentlich gemacht wurden, kontrolliert meist mit Unterrichtsbeginn, oft aber auch erst in „Hausarbeit des Lehrers" und mit Rückgabe in der nächsten Unterrichtsstunde. So konnte die „Qualität" der Hausaufgaben weit besser erkannt und auch benotet werden, wobei diese Noten eher auf einer „vorsichtigen" oder wohlwollender" Einschätzung beruhten. Noten schlechter als ausreichend gab es nicht, sofern die Hausaufgaben gemacht wurden.

Hier erreichte Schüler B. H. im zweiten Schulhalbjahr einen Notendurchschnitt von 4,34 aufgrund von zwei Klassenarbeiten mit jeweils 20 % Gewicht, einer Zentralen Klassenarbeit mit 40%, einem Test mit 5 %, einer Spezialaufgabe mit 5 % und einer Mitarbeit/Hausaufgaben-Note von 3,7 gewichtet mit 10%. Der Durchschnitt des ersten und zweiten Halbjahres ergab als arithmetisches Mittel 3,86 und damit als Jahresnote ein „ausreichend".[156]

Dagegen konnte die Schülerin L. M. trotz der Zentralen Klassenarbeit, die den Stoff des ganzen Jahres auf einem relativ hohen Niveau abverlangte, im zweiten Halbjahr zwar nur einen Durchschnitt von 2,67 erzielen, aber mit dem Gesamtdurchschnitt aus erstem und zweitem Halbjahr von 2,47 erreichte sie die Note „gut" als Jahresnote.

42											
43	Klasse: 1BK1W1 BWL						Notenliste 2011_2012 - Gesamtes Schuljahr				
44			T1	Mit/H.	Rast.	KA1	KA2	ZKA	D-2.Hj.	D-1.Hj.	Djahr	Z
45	Schuljahr 2011/2012		26.01.		08.05.	16.03.	04.05.	06.07.				
46	8	L., M.	1,9	2,3	2,9	2,8	2,4	2,9	2,67	2,27	2,47	2
47			5%	10%	5%	20%	20%	40%	100%	100%		
48												

Und wie auf einer Art von „Lohnstreifen" teilte ich meinen Schülern sowohl am Ende des ersten als auch des zweiten Halbjahres die Ergebnisse auf diesen Zetteln mit. Damit Transparenz zu 100%! Oft ließ ich meine Schüler am Ende

---

[156] Dieser Schüler hatte im ersten Halbjahr in Mitarbeit/Hausaufgaben als Durchschnitt noch eine 3,3 erhalten. Für ihn war symptomatisch wie bei einer Reihe anderer Schüler, dass im zweiten Halbjahr größere Fehlzeiten entstanden und auch der Leistungswille über einen größeren Beobachtungszeitraum deutlich im Schwinden war.

des Halbjahres oder des gesamten Schuljahres ihre Note in Mitarbeit und Hausaufgaben selbst einschätzen, ohne ihnen vorher meine Noten für diese Leistungen mitzuteilen. In der Mehrzahl der Fälle gab es zwischen unseren beiderseitigen Einschätzungen keine allzu großen Abweichungen, oft nur eine halbe Notenstufe differierend. In einigen Fällen traf ich dann die „salomonische Entscheidung", die eigene Noteneinschätzung des Schülers und meine Einschätzung arithmetisch zu mitteln. In bestimmten Fällen behielt ich es mir jedoch vor, meine Entscheidung unverändert beizubehalten und dies dem Schüler begründet mitzuteilen.[157]

Fazit dennoch: **Notengebung – eine „vornehme" Aufgabe**, jedoch auch eine äußerst schwierige.[158] Und ich war stets froh, wenn alle Noten besprochen waren und Einsicht in die Problematik der Bewertungsgerechtigkeit bei den Schülern

---

[157] In diesem Falle hätte der pädagogische Beurteilungsspielraum im Falle von Mitarbeit/Hausaufgaben noch höher als 2,3 gehen können, um auch im Falle eines Gesamtdurchschnitts von beispielsweise 2,57 noch eine Note gut auszuweisen. Im Falle dieser Schülerin wurden Hausaufgaben über einen längeren Beobachtungszeitraum ordentlich und gut bewältigt, ebenso war die Mitarbeit auffallend leistungs-orientiert, was heute nicht mehr selbstverständlich für die Mehrheit der Schüler im Vollzeitbereich ist. Ebenfalls nicht mehr selbstverständlich ist für viele Schüler heute die Beachtung formaler Kriterien wie: Sauberes Arbeiten mit Lineal, Kugelschreiber, Tinte, Einhaltung eines Randes bei Klassenarbeiten, verständliche und saubere Ausdrucksweise, Eingewöhnung und Benutzung einer „Fachsprache", Einhaltung von Grammatikregeln und vieles mehr.

[158] Und wie es richtig im "Familien-Wegweiser" dargestellt wird mit: "Für manche Kinder sind die ersten Noten eine wichtige Erfahrung. In vielen Klassen entbrennt ein Wettkampf der Schüler um die besten Zensuren. Kinder lernen nun, sich an den eigenen Leistungen und an denen anderer messen zu lassen, mit Enttäuschungen umzugehen und Konsequenzen aus Misserfolgen zu ziehen." Vgl.dazu nochmals:
http://www.familien-wegweiser.de/wegweiser/stichwortverzeichnis,did=120518.html

vermittelt wurde, so dass das Schuljahr damit sein glückliches Ende für beide Seiten fand.

Irrtum Nummer sechs: Permanente Revisionen der Lehrpläne sichern Bildung und Ausbildung

Wenn ich darüber nachdenke, welche Inhalte ich in meiner eigenen Schulzeit lernen durfte, so wird mir bewusst, dass ich heute weniger die Inhalte in Frage stelle als vielmehr die Methoden, mit denen diese uns beigebracht wurden. So taucht vor meinem geistigen Auge das Bild des Mathematiklehrers Karl A. auf, der uns auf der Klassenstufe 7 in der Realschule das Rechnen mit Brüchen beibringen durfte. Nicht nur diese Bruchregeln galt es anzuwenden, sondern nachdem sie diktiert wurden, mussten sie zu Hause auswendig gelernt werden, um sie dann in der Schule auch vortragen zu können. Und dies vor versammelter Klasse in „Frontstellung". Nicht jedem gelang dies mühelos; wohl auch deshalb weil unter uns Jungen bereits damals einige waren, die vom Auswendiglernen und Fleiß bei Hausaufgaben nicht so viel hielten.

Und so wie bei mir ist heute noch bei vielen meiner Klassenkameraden aus der Realschulzeit das Bild des Karl A. überaus präsent. Das Bild eines Cholerikers, der als Lehrer fachlich unumstritten, aber in den Methoden der Wissensvermittlung „brutal" sein konnte. So kam eines Tages Klassenkamerad Wolfgang K. bei der mündlichen Wiedergabe der Bruchregeln ins Stocken. Zornesausbrüche bei Karl A. waren die Folge, so dass Wolfgang K. zu nichts mehr fähig war und verstummte. Dies mit dem Ergebnis einer schallenden Ohrfeige von Karl A. auf eine Wange von Wolfgang. Sichtbar rote Streifen auf dieser Wange waren der Beweis höchsten Zorns und mucksmäuschenstill die Klasse von rund dreißig Schülern. Aber wir alle waren damals als Kinder der Nachkriegszeit so erzogen worden, dass darüber zu Hause nichts ausgeplaudert wurde. Das hätte zu weiteren Strafen führen können.

Der Lehrer war damals eine noch unantastbare Person. Gefürchtet bei Karl A. waren auch seine Schritte, unmittelbar nach dem Beginn der Unterrichtsstunde zum Schrank, in dem unsere Mathematik-Klassenarbeitshefte aufbewahrt wurden. Damals wurden die Klassenarbeiten in Mathematik meist unangekündigt geschrieben.[159] Und wer bei den Hausaufgaben „schlampte", bekam damit die Quittung. Wäre so etwas heute noch möglich?

Auch bei seinem Nachfolger Günter L. ab Klassenstufe 9 machte ich mir über die fachlichen Inhalte keine Gedanken, wussten wir doch alle, dass am Ende der Realschulzeit das Zeugnis der Mittleren Reife erworben werden sollte. Aber auch aus dieser Zeit ist mir ein Vorfall noch in deutlicher Erinnerung. Mitschülerin Christa D., bekannt für gewisse „Widerspenstigkeiten" in ihrem Verhalten, erregte eines Tages Günter L. als sonst besonnener und verständnisvoller Lehrer so stark, dass dieser vom Podest an der Tafel auf sie in der hinteren Reihe zurannte und zornig aus der Bank nach vorne zur Tafel zerrte. Die mündlich ausgesprochene Verweigerung von Christa D. hatte in ihm einen Wutanfall ausgelöst. Wie wir nachträglich von ihm hörten, musste dies damit zusammenhängen, dass er aus seiner Zeit in der DDR leidvolle Erfahrungen in einem Gefängnis machen musste. Heute jedoch würde es einem Lehrer sicherlich angelastet werden und hätte für ihn weitreichende Konsequenzen, wenn körperliche Übergriffe auf einen Schüler stattfänden.

---

[159] Heute sind bereits Anwaltskanzleien darauf spezialisiert, den Eltern Rechtshilfe für alles was mit der Anzahl, Verteilung, Ankündigung von Klassenarbeiten und Leistungsnachweisen zusammenhängt, anzubieten. Vgl dazu.:
http://www.schulrecht.rechtsanwalt-zoller.de/klassenarbeiten-anzahl-verteilung.html
und:
http://www.focus.de/familie/schule/recht/wie-lehrer-testen-duerfen-klassenarbeiten_id_2527607.html

An mir selbst habe ich im Verlauf meiner gesamten Lehrertätigkeit auch wiederholt verspüren müssen, dass in mir Wut ausbrechen konnte, ausgelöst durch entsprechendes Verhalten eines Schülers. Es gelang mir glücklicherweise stets, keine körperlichen „Attacken" vorzunehmen und es auf unvermeidbare verbale Wortgefechte zu beschränken ohne dass Beschimpfungen entstanden, die Anlass gegeben hätten, dagegen vorzugehen.[160]

Lehrplaninhalte auf der einen Seite, diese erfüllen und umsetzen und es allen Schülern gleich gut beibringen, ist die andere Seite. Eine Medaille mit einer Kehrseite. In der Erinnerung an frühere Lehrplaninhalte aus der Realschulzeit, aber auch aus der Zeit der Wirtschaftsoberschule Freiburg, kann ich mich heute noch gut erinnern, dass die Beherrschung des Dreisatzes dazu zählte, egal ob gerades Oder ungerades Verhältnis. Und in den Anfangsjahren meiner Lehrerlaufbahn konnte ich in Freiburg stets damit rechnen, dass diese Eingangsvoraussetzungen für Fächer

---

[160] Unvermeidbar dabei, dass in manchen Schülerherzen gewisse „Verletzungen" durch Lehrer-Schüler-Wortgefechte entstehen. Man musste aber wissen, ob man Schüler als eine Gruppe mit „fauler Sack" bezeichnen durfte. Bei so manchem Jungen war dies auch berechtigt und diese nahmen es hin, wenn sie nicht direkt als Einzelperson angesprochen wurden. Bei Mädchen erlaubte ich mir dieses Vokabular nicht. Und wenn ich merkte, dass jemand durch gewisse Wortwechsel in seinen Gefühlen getroffen oder verletzt wurde, versuchte ich es mit einem unmittelbaren Gespräch unter vier Augen zu klären und „Missverständnisse" aus der Welt zu schaffen. So entfuhr mir einmal für einen unterrichtlichen Sachverhalt das Wort "getürkt", wobei sofort ein Schüler mit türkischer Nationalität heftig reagierte. Die Aussprache und Klärung tat dann auch beiden Seiten gut.

Der „Lehrer-Schüler-Jargon" ist in Klassen des Vollzeitbereichs heute immer noch ein deutlich anderer als der im Teilzeitbereich (Berufsschule). Schließlich haben wir es dort in der Regel mit jungen Erwachsenen zu tun, die bereits volljährig sind und sich in der Arbeitswelt bewegen. Allerdings verzeichnen auch hier nicht alle Berufsschüler eine "gefestigte Reife" und ein problemloser Umgang war auch hier nicht immer möglich.

wie BWL und Rechnungswesen, heute Steuerung und Kontrolle (STK) genannt, bei den Schülern vorhanden waren.

Im Umgang mit der heutigen Standardsoftware EXCEL, eine Mindestanforderung für alle Berufsschüler, zeigte sich jedoch bei vielen Schülern schon bei einfachen Prozentberechnungen, dass sie Probleme hatten. Die Beherrschung des Dreisatz-Rechnens war das Problem, das ihnen auch EXCEL nicht abnehmen konnte. Warum? Wird dies in den Lehrplänen der Sekundarstufe I nicht mehr verlangt oder heute völlig anders vermittelt? [161]

Die heutigen Bildungspläne haben sich gegenüber früher notwendigerweise stark geändert. Betrachtet man für den Allgemeinbildenden Schulbereich die Entwicklung in Baden-Württemberg seit dem Jahr 2000, so wird deutlich, dass Reformen angebracht waren. Im Kontext:

„Hier sind beispielsweise die Einführung der Fremdsprache in der Grundschule, die Öffnung des Einschulungstermins, die Verkürzung der Schulzeit über die sukzessive Einführung des achtjährigen Gymnasiums, die Stärkung der Basisfächer Deutsch, Mathematik und Fremdsprachen sowie die Stärkung der Wirtschaftskunde in allen Schularten zu nennen.

---

[161] Wenn ich in den Berufsschulklassen oder in Klassen des Kaufmännischen Berufskollegs oder des Wirtschaftsgymnasiums solche Probleme feststellte und mit den Schülern diese erörterte, kam es zu mir als Lehrer oft so herüber „...ich kann doch nichts dafür, dass ich diese Grundlagen nicht mitbringe" und nicht ganz so deutlich ausgesprochen, eher gefühlt die Aufforderung „...du Lehrer kannst mir das doch mal so auf die Schnelle beibringen". Dem bin ich dann auch meistens nachgekommen, während andere, die es beherrschten, sich langweilten oder meinten, dass ihre Methode (so etwas wie über Kreuz die gesuchten Variablen finden) weniger kompliziert wäre als meine Darstellung des Dreisatzes mit Aussagesatz und Fragesatz und der Schlussfolgerung "den Weg über eins" als Schlüssel zur Beherrschung des "Dreisatzes".

Andere Entwicklungen ergaben sich aus Reaktionen auf internationale Studien wie TIMSS und Pisa." [162]

Mit neuen Bildungsplänen sollte durch den „Bildungsplan 2004" [163] ein Paradigmenwechsel vollzogen werden. Wurde früher durch Curricula festgelegt, was zu lernen ist, so gilt es heute Bildungsstandards festzulegen und die zu erwerbenden Kompetenzen für Schüler und Schülerinnen beschreiben, denen die Inhalte durch ein Kerncurriculum zugeordnet werden. Durch Reduzierung von Inhalten sollen die Schulen über Freiräume eigene Schulcurricula entwickeln und bestimmen, so dass durch dieses „Zusammenspiel" die geforderten Kompetenzen auch erreicht werden.

Ob die von mir genannten beiden Lehrer aus meiner Realschulzeit bei der Vermittlung der Lehrplaninhalte in Mathematik an so etwas wie fachliche und methodische Kompetenzen dachten, mag dahingestellt sein. Beide jedoch vermittelten mir ein mathematisches Rüstzeug, mit dem ich darauf aufbauend in der Oberstufe des Wirtschaftsgymnasiums problemlos bis zum Abitur kommen konnte. Dies im Gegensatz zu den Fächern Englisch und Französisch, bei denen meine Schwierigkeiten jedoch völlig andere Ursachen hatte.[164]

---

[162] http://www.bildung-staerkt-menschen.de/schule_2004/bildungsplan_kurz

[163] http://www.bildung-staerkt-menschen.de/service/downloads/Sonstiges/Einfuehrung_BP.pdf

[164] vgl. 5. Kapitel, dort wurden die Gründe der „Defizite" genannt. Das Fach Englisch, wurde erst ab Klassenstufe 8 erteilt. Im Fach Französisch hatten meine Schwierigkeiten die an früherer Stelle beschriebenen Gründe.

Im Folgenden sollen die Lehrpläne, mit denen man in meiner Zeit in der Berufsschule zu unterrichten hatte, im Mittelpunkt stehen. Für die Bildungsreform, die in Baden-Württemberg durch den „Bildungsplan 2004" die Bildungspläne für die Grund- und Hauptschule, die Realschule und das Gymnasium veränderte, genüge das nachfolgende Bild - siehe nächste Seite - aus der Präsentation des Bildungsplans: [165]

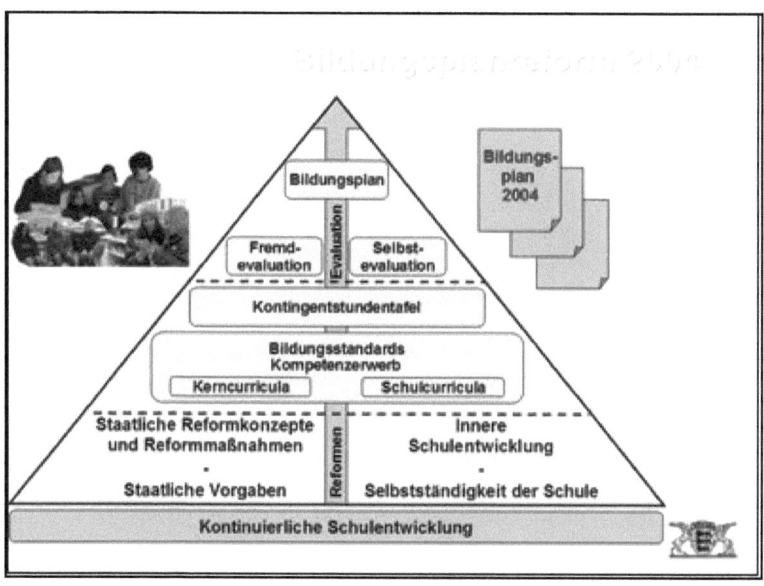

Während im Allgemeinbildenden Schulwesen es wegen dem Föderalismus der Bundesländer und deren Kulturhoheit zu einer Fülle an Lehrplänen kommt, bereitgestellt nicht nur auf den jeweiligen Landesservern sondern auch im

---

[165] Vgl. Folie 2 aus der „Präsentation Bildungsplan 2004.ppt"
http://www.bildung-staerkt-menschen.de/schule_2004/bildungsplan_kurz

Deutschen Bildungsserver[166] ist eine nicht weniger große Flut an Lehrplänen im Beruflichen Bildungswesen zu verzeichnen. Schließlich gibt es fast 350 staatlich anerkannte Ausbildungsberufe in Deutschland.[167] In Baden-Württemberg wird in der Berufsschule dabei unterteilt in gewerbliche, kaufmännische, hauswirtschaftlich-pflegerisch-sozialpädagogische und landwirtschaftliche Berufsbilder. Eine gute Darstellung dieses vielfältigen und durchlässigen Bildungssystems, das auch für andere Bundesländer mehr oder weniger gilt, findet man in einer Veröffentlichung des Kultusministeriums Baden-Württemberg.[168] Diese Übersicht über Bildungswege in Baden-Württemberg wird auf deren Seiten 4 bis 5 wie folgt dargestellt:

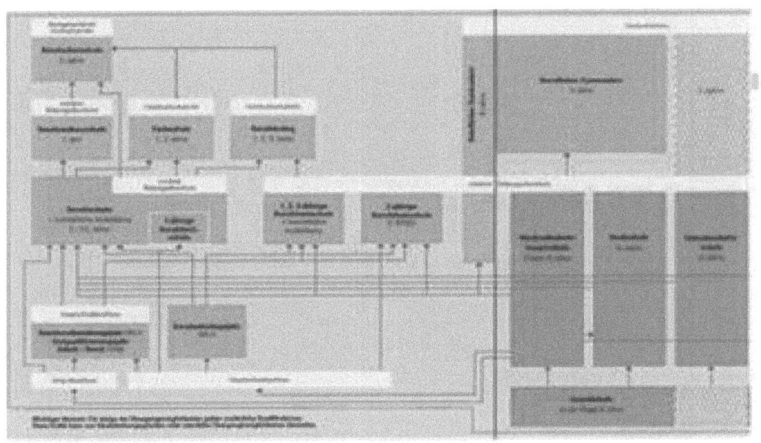

---

[166] http://www.bildungsserver.de/Bildungsplaene-Lehrplaene-der-Bundeslaender-fuer-allgemeinbildende-Schulen-400.html

[167] http://www.bibb.de/de/40.php und auch: http://www.azubiyo.de/berufe/

[168] Stand 2014/2015: https://www.baden-wuerttemberg.de/de/service/publikation/did/bildungswege-in-baden-wuerttemberg/

Die Durchlässigkeit und Aufstiegsmöglichkeiten, die zusammen mit einer Berufsausbildung sich in Baden-Württemberg ergeben zeigt die nachfolgende Abbildung: [169]

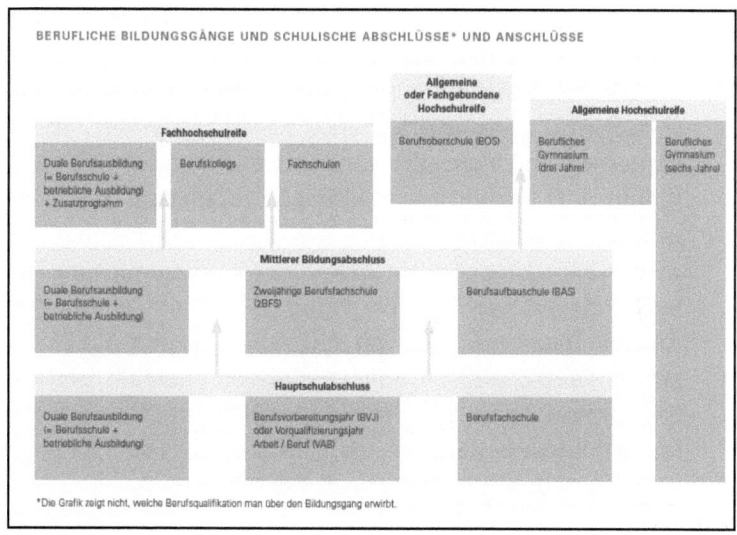

Und aufgrund der Neuordnung vieler Ausbildungsberufe vollzieht sich das Lernen in den Berufsbildern nicht nur wie früher in verschiedenen Fächern sondern neuerdings in **Lernfeldern.**[170]

---

[169] Vgl. S.19 der Präsentation: Bildungswege Baden-Württemberg
https://www.baden-wuerttemberg.de/de/service/publikation/did/bildungswege-in-baden-wuerttemberg/

[170] vgl.: http://www.lernfelder.schule-bw.de/PraesentationLFKonzeptionBW.pdf
vgl. auch:
http://www.lernfelder.schule-bw.de/

Am Beispiel des Berufsbilds Industriekaufmann/-Kauffrau wird erkennbar, dass sich hier auch in den Prüfungen und in den Fächern selbst einiges geändert hat. So unterrichtete und prüfte ich zusammen mit anderen Auslandsdienstlehrkräften in meiner Zeit als Leiter des Berufsbildenden Zweiges am Colégio Alemán de Guatemala (2000 – 2003) bei den Industriekaufleuten die Fächer: Spezielle Betriebswirtschaft, Gesamtwirtschaft, Rechnungswesen (heute Steuerung und Kontrolle genannt) und Datenverarbeitung (heute Informationsverarbeitung), zusammen mit einer weiteren Auslandslehrkraft. Das Fach Projektkompetenz gab es damals noch nicht. Allerdings wurden auch im Fach BWL Präsentationen in die Notengebung mit einbezogen. Anwendungen mit Hilfe von WORD, EXCEL und ACCESS für betriebswirtschaftliche Aufgaben waren ebenfalls Bestandteil der Prüfungen. Eine Note in Projektkompetenz war dort im schulischen Zeugnis und im Zeugnis der Kammer, unterschrieben vom DIHT, noch nicht enthalten.

Bevor auf den „neuesten Schrei" im beruflichen Ausbildungswesen, die **Lernfeldkonzeption**", eingegangen wird, sollen zunächst am Beispiel des Berufsbildes „Kaufmann für Spedition und Logistikdienstleistungen", einer der vielen in Deutschland staatlich anerkannten Ausbildungsberufe, ein ausgewähltes Lernfeld im Fach Gesamtwirtschaft dargestellt werden.[171] Als Speditionsfachlehrer war ich nicht nur in Freiburg unterrichtlich tätig, sondern auch in der 1989 neu eingerichteten Speditionsfachklasse am Auslandsschulort São Paulo, Brasilien bis zum Jahr 1995. In den

---

[171] In einem Steckbrief der Bundesagentur für Arbeit findent man Wissenswertes über dieses Berufsbild. Vgl. dazu:
http://berufenet.arbeitsagentur.de/berufe/docroot/r1/blobs/pdf/bkb/29441.pdf

letzten Jahren vor meiner Pensionierung durfte ich in Kehl dieses Fach „Gesamtwirtschaft" in Speditionsfachklassen ebenso wie in den Fachklassen für Lagerlogistik unterrichten.

Im **Rahmenlehrplan** aus dem Jahr 2004 für den Ausbildungs-beruf zum Kaufmann/Kauffrau für Spedition und Logistik-dienstleistungen sind folgende Inhalte und Zielformulierungen vorgegeben: [172]

Lernfeld 15: Speditionelle und logistische Geschäftsprozesse an wirtschaftlichen Rahmenbedingungen ausrichten	3. Ausbildungsjahr Zeitrichtwert: 80 Stunden
Zielformulierung: Die Schülerinnen und Schüler suchen – auch englischsprachige – Informationen über politische, wirtschaftliche, soziale und ökologische Entwicklungen und Entscheidungen auf nationaler, europäischer und globaler Ebene. Die Schülerinnen und Schüler setzen bei der Informationsgewinnung und -auswertung Informations- und Kommunikationssysteme ein und präsentieren ihre Ergebnisse. Sie analysieren und bewerten wirtschaftspolitische Entscheidungen hinsichtlich der betrieblichen und der persönlichen Auswirkungen. Sie untersuchen Marktentwicklungen und Leistungsangebote auf dem Verkehrsmarkt. Sie beurteilen die Auswirkung von Unternehmenskooperationen und -zusammenschlüssen für den Prozess der Leistungserstellung, die Marktpositionierung und das Leistungsergebnis. Sie wählen zielgerichtet Informationen aus und bereiten diese auf. Die Schülerinnen und Schüler entwickeln und vertreten eigene Positionen und Werthaltungen, tolerieren abweichende Standpunkte, treffen sachbezogene Entscheidungen und wenden Techniken der Entscheidungsfindung an. Sie wirken bei der Reorganisation speditioneller und logistischer Geschäftsprozesse mit und richten die Planung, Durchführung und Bewertung von Geschäftsprozessen an den veränderten Rahmenbedingungen aus.	
Inhalte: Verkehrsinfrastruktur Umweltkonzepte und Umweltpolitik Ordnungspolitik, Geldpolitik, Fiskalpolitik, Arbeitsmarktpolitik Währungsrisiken	

---

[172] Vgl.: http://www.kmk.org/fileadmin/pdf/Bildung/BeruflicheBildung/rlp/KfmSpedition.pdf

Maßgebend für die **schulischen Lehrpläne** in allen Berufsbildern sind die Rahmenlehrpläne des Bundes und die Verordnungen über die Berufsausbildung.[173] Durch Beschluss der Ständigen Konferenz der Kultusminister und Kultussenatoren der Länder (KMK) gelten die Rahmenlehrpläne, die Mindestanforderungen für eine berufsfeldbreite Grundbildung und eine darauf aufbauende Fachbildung der zugeordneten Berufe für alle Bundesländer enthalten. Dass hieraus schulische Lehrpläne „gestrickt" werden müssen, wird demjenigen, der unterrichten muss, sofort einsichtig. So sind laut Rahmenlehrplan 2004 im dritten Ausbildungsjahr 80 Wochenstunden für die abgebildeten Inhalte zu unterrichten. Die Inhalte von Verkehrsinfrastruktur bis hin zu Währungsrisiken sind jedoch nicht nur schillernd, sondern Stoffgebiete für mehrere Semester Volkswirtschaft.

In der Berufsschule wird getrennt in den Fächern **Spezielle Betriebswirtschaftslehre** und **Gesamtwirtschaft** neben den oben erwähnten Fächern unterrichtet.[174] Aus den Zielformulierungen des Lernfeldes 15 im Rahmenlehrplan finden sich im Lehrplan des Landes Baden Württemberg für diesen Ausbildungsberuf zum Kaufmann/Kauffrau für Spedition und Logistikdienstleistungen in der Fassung von 2014 im Fach Gesamtwirtschaft folgende Inhalte für das dritte Berufsschuljahr:[175]

---

[173] Wegen der permanenten Neuordnung der Ausbildungsberufe empfiehlt es sich an den Veröffentlichungen des Bundesistituts für Berufsbildung (BIBB) zu orientieren.
Siehe: http://www.bibb.de/de/41.php
[174] Zumindest galt dies bis zu meiner Pensionierung im Jahr 2012.
[175] Die schulischen Lehrpläne aller Ausbildungsberufe, die in Baden-Württemberg, unterrichtet werden sind downloadbar unter:
http://www.ls-bw.de/bildungsplaene/berufschulen/
Und der Lehrplan für die Speditionsfachklassen ist zu finden unter:
http://www.ls-bw.de/bildungsplaene/berufschulen/bs/bs_berufsbez
Als Lehrplan mit Wirkung vom 1. August 2006 (i.d.F. v. 1.August 2014)

„Die Schülerinnen und Schüler verfügen über die Kompetenz, wirtschaftspolitische Zusammenhänge aufzuzeigen, die konjunkturelle Lage mittels Indikatoren zu beurteilen und darauf aufbauend staatliche sowie geldpolitische Maßnahmen und deren Wirkungen auch vor dem Hintergrund der europäischen Integration und der Globalisierung zu skizzieren.

Die Schülerinnen und Schüler beschreiben einen idealtypischen Konjunkturverlauf und vergleichen diesen mit der realen wirtschaftlichen Entwicklung. Anhand von Indikatoren (Geschäftsklimaindex, Auftragseingänge, Kapazitätsauslastung, Lagerbestände, Beschäftigung, Preisniveau) beschreiben sie die konjunkturellen Phasen. Sie erläutern die Folgen konjunktureller Schwankungen sowohl für den Ausbildungsbetrieb als auch für ihre Lebenssituation. Daraus leiten sie konjunkturpolitische Maßnahmen (Besteuerung von Unternehmen und Haushalten, Subventionen/Transferleistungen, Staatsnachfrage) im Hinblick auf die jeweilige Konjunkturphase ab.

Die Schülerinnen und Schüler charakterisieren die wirtschaftspolitischen Ziele des Stabilitätsgesetzes sowie die qualitativen Ziele „lebenswerte Umwelt" und „gerechte Einkommens- und Vermögensverteilung". Sie prüfen die Zielerreichung anhand statistischer Daten. Ausgehend von wirtschaftspolitischen Maßnahmen begründen die Schülerinnen und Schüler mögliche Zielbeziehungen.

Die Schülerinnen und Schüler untersuchen die aktuelle Lage auf dem Arbeitsmarkt in Deutschland. Sie berechnen die Arbeitslosenquote und unterscheiden zwischen offener und verdeckter Arbeitslosigkeit. Sie beschreiben Ursachen der Arbeitslosigkeit (saisonale, friktionelle, konjunkturelle, strukturelle Arbeitslosigkeit). Unter Berücksichtigung der aktuellen arbeitsmarktpolitischen Situation diskutieren sie Chancen und Probleme beschäftigungspolitischer Maßnahmen.

Die Schülerinnen und Schüler erläutern die Vorgehensweise zur Ermittlung des Verbraucherpreisindex (Warenkorb, Wägungs-

schema). Sie beschreiben den Zusammenhang zwischen Kaufkraft und Preisniveau. Sie analysieren die Auswirkungen einer Inflation auf Löhne/Gehälter, Ersparnisse, Schulden und Sachwerte.

Die Schülerinnen und Schüler skizzieren den organisatorischen Aufbau und die Aufgaben des Europäischen Systems der Zentralbanken. Sie erläutern die Bedeutung der Unabhängigkeit einer Zentralbank für den Erhalt der Preisniveaustabilität. Am Beispiel der Veränderung des Hauptrefinanzierungssatzes prüfen sie die Wirkungsweise geldpolitischer Maßnahmen der EZB im Hinblick auf ihre jeweilige Zielsetzung.

Die Schülerinnen und Schüler beschreiben die Folgen der europäischen Integration (Binnenmarkt) und der Globalisierung (Ursachen und Auswirkungen internationaler Arbeitsteilung) auf private, unternehmerische und wirtschaftspolitische Entscheidungen."

Die darin beschriebenen Inhalte sind schon deutlich konkreter, enthalten jedoch ebenso wenig methodische Festlegungen wie der Rahmenlehrplan. Ist dies der Grund, dass jedes Bundesland in Anlehnung an den Rahmenlehrplan für jeden anerkannten Ausbildungsberuf seine eigenen Lehrpläne für alle Unterrichtsfächer aufstellen darf? Wäre es hier nicht geboten, bundeseinheitlich geltende Berufsschullehrpläne länderübergreifend aufzustellen? Oder ist dies ein Länderegoismus pur in Sachen Bildungspolitik?

Für diese Inhalte gibt der Berufsschullehrplan des Landes Baden-Württemberg einen Zeitrichtwert von 40 Stunden vor und wird nicht mehr als Lernfeld 17 wie in der alten Fassung von 2006 ausgewiesen sondern als:
Kompetenzbereich III: Wirtschaftspolitische Einflüsse auf den Ausbildungsbetrieb, das Lebensumfeld und die Volkswirtschaft einschätzen.

In der Fassung von 2006 wurden diese Inhalte als Lernfeld 17 wie nachfolgend ausgewiesen - Gesamtwirtschaftliche Prozesse erörtern:

Lernfeld 17   Zeitrichtwert

Schwerpunkt Gesamtwirtschaft
Gesamtwirtschaftliche Prozesse erörtern   40(20)

Die Schülerinnen und Schüler erörtern die Ziele, Formen und Auswirkungen der Zusammenarbeit von Unternehmen auf nationaler und internationaler Ebene. Sie begründen wirtschaftspolitische Zielsetzungen und untersuchen die Beziehungen zwischen den Zielen. In Auseinandersetzung mit globalen Problemen erkennen sie die Grenzen nationaler Zielsetzungen.
Die Schülerinnen und Schüler stellen fest, dass beruflicher Erfolg und Arbeitsplatzsicherheit auch von externen Faktoren wie Konjunkturentwicklung und Arbeitsmarktveränderungen abhängen. Sie beurteilen die Bedeutung des Dienstleistungssektors für Wachstum und Beschäftigung in einer Volkswirtschaft.
Sie schätzen die Möglichkeiten und Grenzen der Wirtschaftspolitik und deren Auswirkungen auf unternehmenspolitische Entscheidungen ein.
Sie untersuchen den Einfluss der Geldpolitik der EZB und der Fiskalpolitik auf Investitions- und Konsumentscheidungen.

Kooperation und Konzentration	GWB, Globalisierung, EU-Wettbewerbsrecht
– Formen	
– Ziele	
– volkswirtschaftliche Bedeutung	
Wirtschaftspolitische Ziele	
– Ziele des Stabilitätsgesetzes	
– Erhaltung der natürlichen Lebensgrundlagen	
– gerechte Einkommens- und Vermögensverteilung	
– Zielbeziehungen	
Konjunktur	
– Konjunkturzyklus	
– Konjunkturindikatoren	
Beschäftigung und Arbeitslosigkeit	
– Arten der Arbeitslosigkeit	
– Ursachen der Arbeitslosigkeit	
– staatliche Beschäftigungspolitik	Aktuelle Arbeitsmarktsituation und Lösungsvorschläge
Europäisches System der Zentralbanken	
– Aufbau	
– Aufgaben	
Geldpolitisches Instrumentarium der EZB	
– Offenmarktgeschäfte als Hauptfinanzierungsinstrument	Nur Standardtender
– ständige Fazilitäten	
– Mindestreserve	
Wirtschaftspolitik	Auswirkungen auf den Ausbildungsbetrieb
– angebotsorientiert	
– nachfrageorientiert	

Beim Vergleich der Zeitvorgabe von 40 Wochenstunden für das Lernfeld 17 bzw. den Kompetenzbereich III im Fach Schwerpunkt Gesamtwirtschaft (GWS), im dritten Schuljahr in den sogenannten Langzeitklassen - in Kurzzeitklassen sind es nur 20 Stunden - wirft sich die Frage auf, warum im Rahmen-lehrplan des Bundes für das Lernfeld 15, das Gesamt-wirtschaft und Spezielle Betriebswirtschaftslehre bein-haltet, nur 80 Stunden vorgesehen sind?

Wirft man einen Blick auf den Schullehrplan von Baden-Württemberg, so fällt auf, dass dort im Lernfeld 8 „Logistische Leistungen in der Supply Chain anbieten und organisieren" [176] Inhalte aus Lernfeld 15 des Rahmenlehrplans enthalten sind und diesen mit 160 Stunden zeitlich deutlich übertreffen. Mathematisch verwirrend ist diese Gleichung: 40 + 160 = 80?

Damit die Frage: Können im Fach GWS mit den zur Verfügung stehenden Stunden alle Ziele inhaltlich erreicht werden, unabhängig von der Methodenwahl, die in der Hand des Lehrers liegt? Nach meinen Unterrichtserfahrungen im Fach GWS und aus Erfahrungen mit verschiedenen Klassen, die sich aus Schülern mit sehr unterschiedlichen Vorkenntnissen und Eingangsqualifikationen zusammensetzten, ein klares Nein!

Im Fach GWS sind in der Berufsschule im dritten Schuljahr den Schülern Kenntnisse zu vermitteln, die nicht nur aus Faktenwissen bestehen wie beispielsweise: Wie hoch ist die

---

[176] Siehe S. 20 des Schullehrplans von B.W für: Kaufmann für Spedition und Logistikdienstleistung /Kauffrau für Spedition und Logistikdienstleistung (gültig ab Schuljahr 2014/15)
http://www.ls-bw.de/bildungsplaene/beruflschulen/bs/bs_berufsbez

aktuelle Inflationsrate? Stand der Arbeitslosenquote in Deutschland? Welche Konjunkturindikatoren gibt es? Wie heißen die wirtschaftspolitischen Ziele laut StabG?

Da bei diesen volkswirtschaftlichen Sachverhalten nicht nur Faktenwissen [177] in den Prüfungen abverlangt wird, sondern auch zusammenhängendes Denken in Form von Ursache-Wirkungsmechanismen makroökonomischer Art, sind ganze 40 Stunden nicht ausreichend, um im Fach GWS in die Tiefe zu gehen. Und im Stundentakt können nicht qualifizierte Kenntnisse über angebots- und nachfrageorientierte Wirtschaftspolitik vermittelt werden. Das Gebiet der Geldtheorie und der angewandten Geldpolitik müsste seit 2008/2009 ohnehin neu geschrieben werden. So also bleibt dem Lehrer nichts anderes übrig, als an der Oberfläche zu „kratzen" und darauf zu hoffen, dass in den zentralen Abschlussprüfungen keine Aufgaben von profilierungssüchtigen Lehrkräften gestellt werden, sondern von solchen, die wie ich über viele Jahre an der Basis unterrichten und das Niveau ihrer Klientel [178] richtig einschätzen

---

[177] Erschreckend oft das Achselzucken bei Schülern auf solche Fragen nach aktuellem Wissen über die Höhe der Inflationsrate, Arbeitslosenquote, Wirtschaftswachstum und vieles mehr. Fragen, die leicht zu beantworten sind, wenn man die Tagesnachrichten im Fernsehen oder über die Tagespresse verfolgen würde.

Mir scheint jedoch, dass unsere heutige Schülergeneration lieber twittert oder sich in Facebook oder Diskotheken über anderes unterhält, nicht jedoch über volkswirtschaftliche Grunddaten, die uns eigentlich alle angehen in der Arbeits- und Berufswelt und damit zum "Allgemeinwissen" gehören.

[178] Damit ist der durchschnittlich begabte Schüler gemeint, der in der Berufsschule in der Regel einen Mittleren Abschluss hat, oder der auch zusätzlich das einjährige Berufskolleg (identisch mit der Fachoberschule in anderen Bundesländern) besuchte. In keinem Falle sind damit nur Abiturienten gemeint, die allerdings heutzutage in Speditionsfachklassen ein Drittel oder mehr ausmachen können.

können. Aufschlussreich ist es, im Vorwort des schulischen Lehrplans zu lesen:
„Die früheren Prüfungsfächer in den Ausbildungsordnungen des Bundes wurden durch so genannte Prüfungsbereiche" ersetzt, die von Beruf zu Beruf anders konzipiert sind und entsprechend dem jeweiligen Berufsbild die geforderten Kompetenzen zusammenfassen."

Der Lehrplan im Fach GWS (Berufsfachliche Kompetenz) wird auch den leistungsschwächeren Fachkräften für Lagerlogistik und den angehenden Kaufleuten in anderen Ausbildungsberufen wie beispielsweise den Kaufleuten im Einzelhandel ebenso abverlangt mit denselben Prüfungsinhalten wie bei den Speditionskaufleuten. Für die eine Gruppe schon eine deutliche Herausforderung, für die andere eigentlich eine Überforderung. Damit tritt der „Spagat", den der Lehrer oft zu bewältigen hat deutlich hervor und dies nicht nur im Fach GWS. In der Berufsschule herrscht das Dilemma: Lehrpläne, die den Anforderungen der Wirtschaft genügen sollen, müssen einer Schülergruppe, in der nicht alle über die notwendigen Voraussetzungen verfügen, umgesetzt und erfüllt werden.

Nicht weniger anspruchsvoll, jedoch mit abgewandelten Inhalten stellt sich der Lehrplan für das Fach GWS bei den Kaufleuten im Einzelhandel. Dies waren Klassen, die durchschnittlich leistungsschwächer waren als die Speditions-, Bankfach-, Versicherungsfach- oder die Industriefachklassen. Bei den Einzelhandelskaufleuten wurden die Abschlussprüfungen seit 2011 auch in einer neuen Form als „prozessorientiert" abgehalten. Wiederum eine umwälzende Neuerung, die noch einige Zeit braucht für Lehrer und Schüler, sich darauf einzustellen, die aber auch zeigt, welche Vielfalt an Lehrplänen und und damit an unterschiedlichen Prüfungsanforderungen in der Berufsschule herrschen.

Was durch die Lehrpläne nicht nur an Inhalten sondern an Kompetenzen gefordert wird, zeigt sich im folgenden Wortlaut:
„Die aufgeführten Ziele sind auf die Entwicklung von **Handlungskompetenz** *gerichtet. Diese wird hier verstanden als die Bereitschaft und Befähigung des Einzelnen, sich in beruflichen, gesellschaftlichen und privaten Situationen sachgerecht durchdacht sowie individuell und sozial verantwortlich zu verhalten".* [179]

Und weiter ist zu lesen:
„Handlungskompetenz entfaltet sich in den Dimensionen von Fachkompetenz, Humankompetenz und Sozialkompetenz" und weiter ist zu lesen *„Bestandteil sowohl von Fachkompetenz als auch von Humankompetenz als auch von Sozialkompetenz sind Methodenkompetenz, kommunikative Kompetenz und Lernkompetenz".*

Diese Kompetenzen sind alle eingebettet in die Ziele der Berufsschule und so steht auch im Teil II Bildungsauftrag der Berufsschule folgendes:
Nach der Rahmenvereinbarung über die Berufsschule (Beschluss der Kultusministerkonferenz vom 15.03.1991) hat die Berufsschule zum Ziel, "eine Berufsfähigkeit zu vermitteln, die
- Fachkompetenz mit allgemeinen Fähigkeiten humaner und sozialer Art verbindet,

---

[179] Vgl. Seite 9 des Vorworts: Voraussetzungen und Eigenschaften in der eigenen Person in den Lernprozess einbringen.

*- berufliche Flexibilität zur Bewältigung der sich wandelnden Anforderungen in Arbeitswelt und Gesellschaft auch im Hinblick auf das Zusammenwachsen Europas zu entwickeln,
- die Bereitschaft zur beruflichen Fort- und Weiterbildung zu wecken,
- die Fähigkeit und Bereitschaft zu fördern, bei der individuellen Lebensgestaltung und im öffentlichen Leben verantwortungsbewusst zu handeln."*

*Zur Erreichung dieser Ziele muss die Berufsschule
- den Unterricht an einer für ihre Aufgabe spezifischen Pädagogik ausrichten, die Handlungsorientierung betont;
- unter Berücksichtigung notwendiger beruflicher Spezialisierung berufs- und berufsfeldübergreifende Qualifikationen vermitteln;
- ein differenziertes und flexibles Bildungsangebot gewährleisten, um unterschiedlichen Fähigkeiten und Begabungen sowie den jeweiligen Erfordernissen der Arbeitswelt und Gesellschaft gerecht zu werden;
- Einblicke in unterschiedliche Formen von Beschäftigung einschließlich unternehmerischer Selbstständigkeit vermitteln, um eine selbstverantwortliche Berufs- und Lebensplanung zu unterstützen;
- im Rahmen ihrer Möglichkeiten Behinderte und Benachteiligte umfassend stützen und fördern;
- auf die mit Berufsausübung und privater Lebensführung verbundenen Umweltbedrohungen und Unfallgefahren hinweisen und Möglichkeiten zu ihrer Vermeidung bzw. Verminderung aufzeigen*

Ein Katalog von Kompetenzen wird hier aufgelistet. Wenn ich an meine eigene Lehrerausbildung vor fast vierzig Jahren denke, so stand damals Methodik und Fachdidaktik im

Vordergrund. Wir wurden geschult, operative Lernziele zu formulieren und auch verschiedene Unterrichtsformen durchzuführen. Der „Wulst" aus verschiedenen Kompetenzen wurde damals noch nicht in der heutigen Form beschrieben. Aber handlungsorientierter und fallbezogener Unterricht in Betriebs- und Volkswirtschaftslehre war damals schon selbstverständlich. Im Laufe der immer häufiger sich ändernden Lehrpläne tauchten dann neue Begriffe auf wie Prozessorientierung, Lernsituationen und **Lernfelder**.

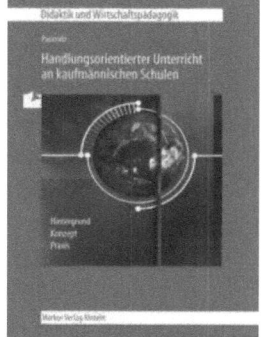

Am Ende aller Unterrichtseinheiten und Lernsequenzen steht jedoch die Notengebung. So wird einsichtig, dass ich für jedes Schuljahr, wie wohl jeder andere Lehrer, die Lehrplaninhalte stofflich anhand der zur Verfügung stehenden Stunden so verteilte, um die Mindestanzahl der vorgeschriebenen Klassenarbeiten einzuhalten und lehrplangerecht abzuprüfen.[180] Vorrangig war dabei für mich, die fachliche und methodische Kompetenz der Schüler festzustellen.

Wie würde die Antwort auf folgende Frage lauten: Gibt es durch die heutige Lehrerausbildung bereits den Lehrertyp, der in seiner Notengebung die Beurteilung der beschriebenen Kompetenzen einfließen lässt und auch transparent wiedergibt? In gewissem Umfang ist es im Fach Projektkompetenz möglich und notwendig, so etwas wie Sozialkompetenz, kommunikative Kompetenz oder Lernkompetenz

---

[180] Im Falle von Lernfeld 17 bzw. dem Kompetenzbereich III im Fach GWS gilt es, sowohl Faktenwissen als auch aktuelle Kenntnisse bis hin zu Zusammenhängen in der Volkswirtschaft lehrplangerecht abzuprüfen.

stärker zu entwickeln und auch zu bewerten. Aber de facto sind wir heute noch weit entfernt, alles umzusetzen, was in den Lehrplänen an Kompetenzen gefordert wird. Könnte man es nicht so ausdrücken: Papier ist geduldig!

Um auf den „neuesten Schrei" im anhaltenden Galopp der Lehrplanänderungen zurückzukommen, so ist zunächst festzustellen, dass das **Lernfeldkonzept** durch Beschluss der KMK bereits seit 1996 gültig ist. Das Ziel sollte es sein, durch den Unterricht an berufsbildenden Schulen die Handlungskompetenzen der Schüler und ihre Bereitschaft zu lebenslangem Lernen stärker zu fördern.[181] An berufliche Erfordernisse und Handlungsabläufe hatte man sich als Lehrer schon immer orientiert. Was ist somit neu?

Lernziele aus der Ausbildungsordnung werden über die Rahmenlehrpläne in Lernfelder aufgenommen, aus denen für den Unterricht in der Berufsschule durch ein Lehrerteam neu zu formulierende Lernsituationen abgeleitet bzw. gewonnen werden, quasi „Bildungsstandards".[182] Die Herausforderungen für die Berufsschullehrer dürften nicht nur darin bestehen, Situationen des Arbeitslebens ihrer Schüler zu identifizieren und daran exemplarisch fachliche Inhalte und Kompetenzen abzuleiten, sondern vielmehr fächerübergreifend zu unterrichten und sich im Team mit den Kollegen abzustimmen. In letzter Konsequenz bedeutet dies die Abschaffung der bisherigen Fächer und die Einführung von völlig neuen Prüfungsmodalitäten. Dass dies für kleine und erst recht für größere Berufsschulen nicht nur organi-

---

[181] vgl. dazu: http://de.wikipedia.org/wiki/Lernfeld

[182] So werden im Einzelhandel Situationen wie „Verkaufsgespräche führen" im Unterricht eingeübt, wobei deutlich wird, dass es hier nicht nur um die Handlungskompetenzen geht.

satorisch sondern auch stundenplantechnisch mit Reibungsproblemen der ganz besonderen Art verbunden sein muss, liegt auf der Hand. Bis zu meinem Ausscheiden aus dem aktiven Schuldienst habe ich an unseren BSK - Beruflichen Schulen Kehl - diese Umstellungen, die im Rahmen des Qualitätsmanagements[183] seit einigen Jahren in die Wege geleitet wurden, noch miterleben können. Im gewerblichen Bereich ist man dort schon recht gut vorangekommen, im kaufmännischen Bereich dürfte dies noch erheblichen Arbeitsaufwand mit sich bringen. Nach meiner Einschätzung bedarf es noch eines größeren Zeitraums, um nicht nur Handlungs- und Fachkompetenzen, sondern auch die geforderten Sozial-, Human-, Kommunikation-, Methodenkompetenzen bis hin zur Lernkompetenz in den Lernsituationen auszuweisen, operational umsetzbar und bewertbar zu machen.

Die Abbildung auf der nachfolgenden Seite veranschaulicht das Lernfeldkonzept: [184]

---

[183] vgl. dazu das Konzept des OES (operativ eigenständige Schule), im Kultusportal unter der Rubrik "Schul- und Qualitätsentwicklung" – Berufliche Schulen
http://www.kultusportal-bw.de/servlet/PB/show/1279645/BeruflicheBildung2010-11_online.pdf

Und noch erheblich mehr an Informationen über Qualitätsentwicklung und Evaluation an beruflichen Schulen ist über den Landesserver bereitgestellt. Vgl: http://www.ls-bw.de/geeva/bs

[184] Vgl. die Präsentation: Vom Lernfeld zu Lernsituationen:
http://www.matse-ausbildung.de/fileadmin/documents/pdf-files/Vom_Lernfeld_zu_Lernsituationen.pdf?PHPSESSID=eb9b1d28b07f9ededcb32fdf0c939299

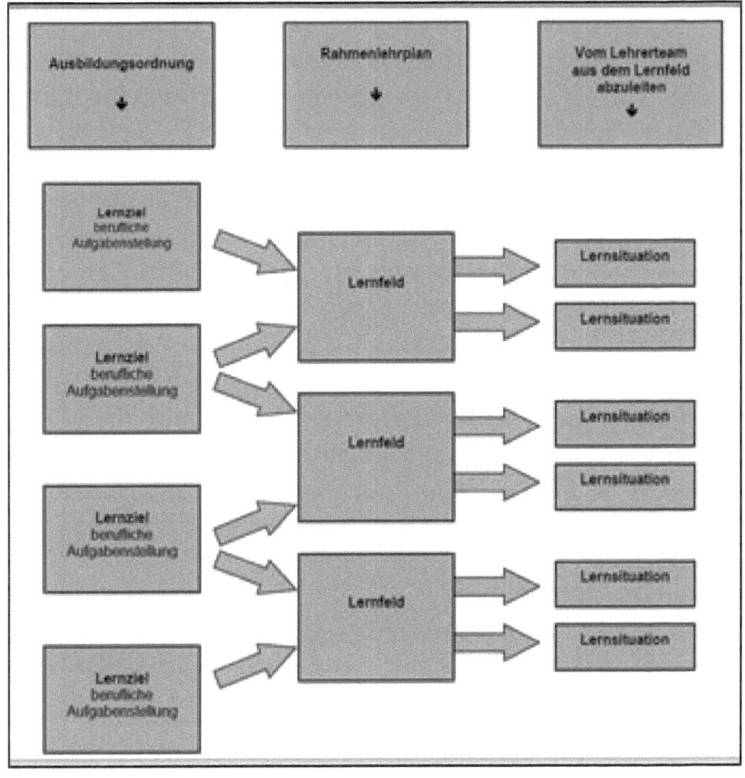

Ging es in diesem Kapitel um die Sicherung der Bildung und Ausbildung durch **permanente Lehrplanrevisionen**, so muss deutlich geworden sein, dass diese notwendig sind und Schritt halten müssen mit den Veränderungen in Wirtschaft, Technik und Gesellschaft. Aber hierzu gehören nicht nur die Lehrpläne und am Stichwort „Lernkompetenz" anknüpfend die Feststellung, dass es für den Unterrichtserfolg auch und ganz besonders auf das **Lernverhalten des Schülers** ankommt. Dieser Erfolg wird meiner Ansicht nach nicht nur durch Lernfelder und Lernsituationen, durch gut miteinander arbeitende Lehrerteams im fächerübergreifenden

Unterricht, durch **Freiräume** in den **Curricula**, durch **Lehrerfortbildungsmaßnahmen**, durch **Lernortkooperationen**, durch ständige Verbesserungen in den räumlichen und technischen Ausstattungen der Berufsschulen und vieles mehr erreicht, sondern basiert auch zu einem großen Teil auf dem Einsatz und dem richtigen Benützen von Schulbüchern, die sich auf dem neuesten Stand befinden müssen.

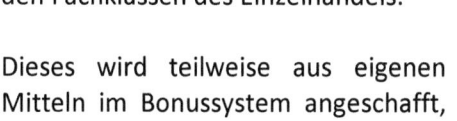

Hier gibt es nach meiner Einschätzung deutliche Fortschritte, wie im Falle des in den BSK eingesetzten Schulbuchs in den Fachklassen des Einzelhandels. [185]

Dieses wird teilweise aus eigenen Mitteln im Bonussystem angeschafft, gehört damit den Schülern als Eigentum und sie können damit auch *sinnvoll* und *selbstverantwortlich arbeiten.* Dieser Verlag ist wie alle anderen Schulbuchverlage in den letzten Jahren durch die ständigen Lehrplanänderungen zu permanenten Überarbeitungen und Neuauflagen gezwungen. Damit erklärt sich als sinnvolle Lösung, dass Schulbücher durch die Schüler nur noch nach dem Bonussystem angeschafft werden sollten. Wie oft habe ich in den letzten Jahren vor meiner Pensionierung erleben müssen, dass wegen der Lernmittelfreiheit nicht nur veraltete Schulbücher ausgeteilt waren, die mindestens drei Jahre benützt werden müssen, sondern auch Bücher mit

---

[185] Als hervorragend empfand ich das in den Klassen des Einzelhandels eingeführte Schulbuch des Europa-Verlags, das über alle drei Schuljahre den Stoff in Lernfeldern darstellt, den Stoff auf die Schülerebene gut transformiert und lernstoffgerechte Aufgaben auf dem Niveau der neuen, prozessorientierten Abschlussprüfungen anbietet und ergänzt wird durch Arbeitshefte.
Vgl.: http://www.europa-lehrmittel.de/_cover_global/120/97909-4.jpg

unterschiedlichen Auflagen. Verunsicherung damit bei den Schülern und unnötige Reibungsverluste auf beiden Seiten.

Eigentlich ist bildungspolitisch zu fordern, dass unsere Schüler in jedem Schuljahr nur noch mit den neuesten Büchern lernen und damit auch **„arbeiten"** und dass diese selbst angeschafft werden.[186] Denkbar wäre, dass in Zeiten der knappen Mittel - dies ist seit Jahrzehnten bereits der Fall - das Bonussystem ebenso wie die Lernmittelfreiheit abgeschafft werden, jedoch die Ausgaben für Schulbücher durch die Eltern bei deren Werbungskosten absetzbar sind.[187]

Ein weiteres Beispiel für ein hervorragendes Lehr- und Arbeitsbuch ist das Buch von Dr. Viktor Lüpertz: „Volkswirtschaftliches Handeln".[188] Dieses Buch, konzipiert für die Jahrgangsstufe 1 und 2 des Wirtschaftsgymnasiums in Baden-Württemberg war für mich eine gute Basis, um meine sieben Lehrer-Module, erstellt für das Landesmedienzentrum Baden-Württemberg (LMZ), lehrplan-

---

[186] Im Kapitel „Irrtum Nummer zwei: Bildung soll umsonst sein", habe ich bereits auf die Abschaffung der Lernmittelfreiheit hingewiesen und Vorschläge dazu gemacht, die ein Umdenken für das "Gut Bildung" mit sich bringen würde.

[187] Bei sozial schwachen Familien sollte der Staat jedoch aus Steuermitteln die Schulbücher finanzieren nach vorheriger Überprüfung auf Bedürftigkeit, auch wenn dies mit einem zusätzlichen Verwaltungsaufwand verbunden wäre. Das bisherige System der Lernmittelfreiheit erforderte auch schon eine gewisse Verwaltungsbürokratie.

[188] Ein Ex-Kollege an meinem früheren Walter-Eucken-Wirtschaftsgymnasium in Freiburg. So wie ich hatte auch Dr. Lüpertz Volkswirtschaft studiert. Er profilierte sich bereits relativ früh und wurde schon bald Fachseminarleiter für die Lehrerausbildung in Freiburg im Fach Volkswirtschaft. Auch bei vielen weiteren hervorragenden Schulbüchern, vor allem für das Wirtschaftsgymnasium, war und ist er bis heute ein kompetenter und führender Autor.

gerecht für das Wirtschaftsgymnasium zu konzipieren. Das Buch von Dr. Lüpertz stellt volkswirtschaftliche Inhalte überaus detailliert und in die Tiefe gehend[189] mit zahlreichen Aufgaben dar, wie es sich auch für ein gutes Lehrbuch gehört.

Meine sieben Module für das LMZ richten sich in erster Linie an den Lehrer, so dass dieser die relevanten Sachverhalte der Wirtschaftstheorie anschaulich auf die Schülerebene transformieren kann, ohne dass durch die notwendigen Reduktionen wichtige Lehrplaninhalte der Volkswirtschaft verloren gehen. Im Mittelpunkt dieser Module, die mehrstündige Lernsequenzen umfassen,

---

[189] Auch ein geeignetes Buch für Studenten der Volkswirtschaft in den Anfangssemestern. Inzwischen auch in einer Neuauflage erhältlich. Empfehlenswert ist auch: http://vwl-nachhaltig.de/resources/Luepertz_2013_.pdf

stehen von mir entwickelte Mediator-Dateien, die als EXE-Dateien es dem Lehrer ermöglichen mit Hilfe von Laptop und Beamerprojektion im Klassenzimmer auch ohne Tafel zu unterrichten. Mit Hilfe von Buttons können beliebige Teile ausgewählt und anschaulich projiziert werden. Dabei ist nicht nur der Frontalunterricht sondern auch schülergeleitetes Arbeiten als Einzel-, Partner- oder Gruppenarbeit möglich und selbstverständlich. Arbeitsblätter und Lösungsblätter gehören ebenso zu diesen Modulen, wie am Schluss dieser Lernsequenzen die notwendigen Lernkontrollen mit Notengebung. Priorität bei allen Modulen hatte der neue Lehrplan für das drei- und sechsjährige Wirtschaftsgymnasium in der Aufbauform: Wirtschaftswissenschaftliche Richtung.[190]

Die Oberfläche dieser Module, am Beispiel des Moduls VI (Preisbildung) wird auf der nächsten Seite dargestellt mit: [191]

Das Arbeiten mit einem ordentlichen, lehrplangerechten Schulbuch halte ich unverändert für das *„non plus ultra"* des guten Unterrichtens. Wenn ich an das heutige Kopier(un)wesen in unseren Schulen denke, so stelle ich

---

[190] Für die Eingangsstufe seit 2006, für die Jahrgangsstufe 1 seit 2007 und für die Jahrgangsstufe 2 seit 2008 in Kraft getreten.
Siehe:
http://www.ls-bw.de/bildungsplaene/berufschulen/bg/bg_berufsbezogen/Oberstufe/WG/s v/BG2_WG_Volks_Betriebswirtschaftslehre_11_3760_03.pdf

[191] Dieses Modul findet sich ebenso wie alle sechs anderen unter SESAM des Landesmedienzentrums Baden-Württemberg auf dem Landesserver und ist für den Lehrer auch downloadbar abrufbereit unter:
http://www.unterrichtsmodule-bw.de/index.php?id=57&tx_umo_pi1[showUid]=218&cHash=cb97f8077115719342878b768e207ed0

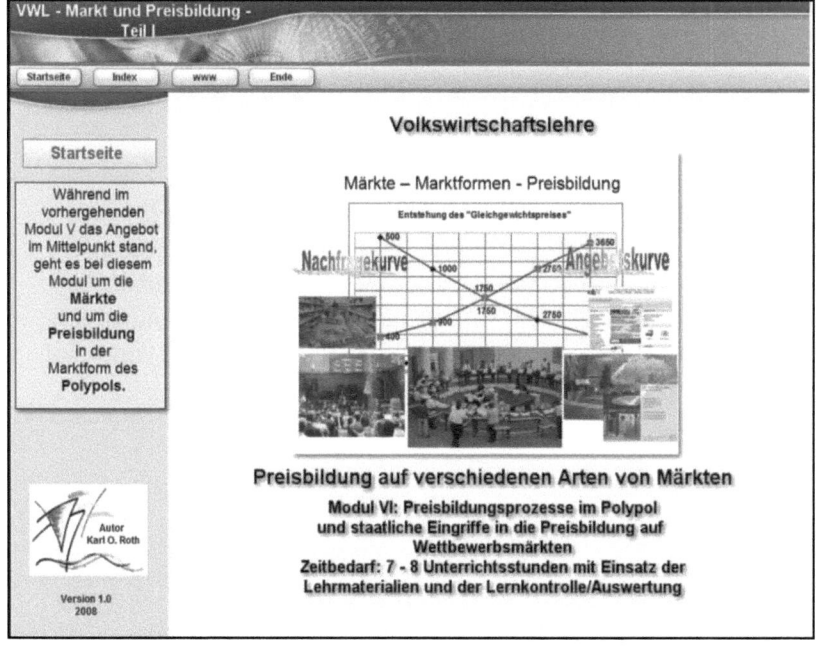

hier eher einen Rückschritt als einen Fortschritt fest. Oft werden unsere Schüler mit einem Berg von Kopien überschüttet, [192] wobei sich viele schwer tun, Ordnung systematisch zu halten und noch mehr, damit so zu lernen, wie es sich der Lehrer vorstellt. Es besteht die Gefahr, dass unzählige, obwohl sinnvoll gemeinte Blätter nur noch abgeheftet werden, wobei das Lernen, Aufnehmen, Verarbeiten, Strukturieren und Wiederholen der Stoffinhalte als weitere Schritte und als lehrergeleiteter Lernprozess ge-

---

[192] Dies ist allerdings immer dann auch zusätzlich erforderlich, wenn tagesaktueller Unterricht geleistet werden muss. Dennoch gilt: nicht jede Kopie ist eine „gute" Kopie und erst recht ist dadurch weder der Unterricht bzw. der Lernprozess und der Lernerfolg garantiert.

boten wären. Insofern sind auch meine Module kein Ersatz für das eingeführte Lehrbuch, unterstützen jedoch durch beste Veranschaulichungen, durch Arbeitsaufträge und Lernkontrollen den Lehrer, ohne dass dieser in seiner Unterrichtsarbeit „geknebelt" wird.

Als **Resümee** für die Bildung und Ausbildung gilt: Lehrpläne sind verbindlich und haben Priorität. Um jedoch die geforderten Kompetenzen zu erreichen bzw. zu entwickeln, bedarf es viel mehr. Ein großes und gewaltiges Aufgabenfeld für den Lehrer, egal in welcher Schulart und auf welchen Stufen er unterrichten darf.

Irrtum Nummer sieben: Bildung – oberstes Ziel der Politik?

Immer wenn Bundestagswahlen oder Landtagswahlen anstehen, so werden die Politiker - wie nicht anders zu erwarten – sich mit wohlwollenden Versprechungen zum Thema Bildung und Ausbildung äußern. Aber sind dies nicht oft nur bloße Lippenbekenntnisse mit inhaltlichen „Luftblasen" und ohne klare Stellungnahme zu notwendigen und langfristigen Veränderungen in Sachen „Bildung"? Wählerstimmen verscherzen und sich mit den Eltern „anlegen", wer von ihnen möchte dies? Die Wahlen müssen mit mehr oder weniger schönen und nicht einforderbaren Versprechungen gewonnen werden und stehen im Vierjahresrhythmus stets erneut an. Dasselbe gilt für die Landespolitiker. Hier haben die Bundespolitiker wenigstens den Vorteil, sich nicht um den Löwenanteil der Ausgaben scheren zu müssen, die durch Bildung und Ausbildung entstehen, da diese weitgehend in die Haushaltsentscheidungen der Länder fallen.

Ausreichende Lehrerversorgung, kleinere Klassen, Ganztagesklassen, Unterstützung durch Schulpsychologen, bessere Besoldung von Erzieherinnen/Erziehern in Kitas und Kindergärten, Betreuungsgeld, Einführung von Schulgeld und Abschaffung der Lernmittelfreiheit und vieles mehr gehören weitgehend in den Aufgaben- und Entscheidungsbereich der Landespolitik.[193] Hier wird zugleich das Dilemma der Bildungspolitik erkennbar: Kurz- und mittelfristiges Denken und Handeln prägt das Tagesgeschäft. Die Bildungs-

---

[193] http://de.wikipedia.org/wiki/Bildungspolitik_in_Deutschland
und auch
http://www.fes.de/themen/bildungspolitik/

politik muss jedoch langfristig angelegt sein. Ferner gilt für Deutschland, dass in jedem Bundesland eine eigene Bildungspolitik betrieben wird, die von den Ministerien mit „Zähnen und Klauen" verteidigt wird. Es darf jedoch festgehalten werden, dass die Hauptaufgabenbereiche der Bildungspolitik in erster Linie Studium und Schulsystem sind.[194]

Wenn es darum geht, dass der Wirtschaft in zukünftigen Jahren weiterhin ein bestimmtes Potenzial an gut ausgebildeten Arbeitskräften zur Verfügung steht, das in Deutschland zur Schule/Hochschule[195] ging oder im Dualen Berufsbildungssystem sich die beruflichen Qualifikationen erworben hat,[196] ist langfristiges Denken und Planen notwendig. Deutschland ist arm an Rohstoffen aber auf die wichtigste volkswirtschaftliche Ressource, die junge Generation, wird immer wieder hingewiesen und deren Bedeutung für die Zukunft hervorgehoben. Die deutsche Wirtschaft zeichnet sich auch im Jahre 2014 (noch) immer als wettbewerbsfähig aus und steht zusammen mit China und USA an der Spitze

---

[194] vgl.:
http://www.paradisi.de/Freizeit_und_Erholung/Bildung/Bildungspolitik/
und auch:
http://www.spiegel.de/thema/bildungspolitik/

[195] Ein interessantes, allerdings schon älteres Ranking unter den Wissenschaftsministern wurde veröffentlicht im Spiegelonline am 01.03.2007
http://www.spiegel.de/unispiegel/wunderbar/minister-ranking-backpfeifen-fuer-bildungspolitiker-a-469181.html

[196] Nach wie vor darf man in Deutschland stolz auf den Umstand sein, dass im Dualen Berufsbildungssystem jährlich Zigtausende eine berufliche Erstausbildung erfahren und darauf aufbauend sich zum Meister, Fachwirt, Betriebswirt u. a. über verschiedene Bildungseinrichtungen der Kammern und anderer Träger sich weiter qualifizieren können. Damit entstehen Qualifikationen, die über eine Hochschule oder Fachhochschule nicht möglich sind.

der Exportnationen. Die Wettbewerbsfähigkeit ist jedoch in Gefahr, wenn zukünftig aus dem Inland nicht mehr gut ausgebildete und leistungsfähige Arbeitskräfte rekrutiert werden können. Hier hat die Bildungspolitik anzusetzen. Damit wird es eine Aufgabe für die Bundes- und Länderpolitik dafür zu sorgen, dass der Produktionsfaktor Arbeit nicht zum Engpass wird.

Oft aber wird in der Politik **nicht „agiert"** sondern **„reagiert"**. Man möge nur an solche Ereignisse wie in Fukushima (Japan) 2011, USA am 11.09.2001, Finanzkrise 2008,[197] Griechenlandkrise und Afghanistan-Krieg denken. Eine Liste, die sich beliebig fortsetzen ließe. Um aber zurück zur Bildungspolitik zu kommen, sei der Vergleich mit dem berühmten „Bermuda-Dreieck" [198] gestattet. Ein bekannter Begriff, den ich auf die Bildungspolitik übertragen möchte. Dazu folgende Abbildung auf der nächsten Seite:

Mit dieser Abbildung soll deutlich werden, dass Politiker dann einen Kurswechsel vollziehen oder ausgabenintensive Programme verabschieden, wenn plötzlich bestimmte Ereignisse auftreten. Als Beispiel diene der Kurswechsel in der Energiepolitik nach der Nuklearkatastrophe in Fukushima oder die Abwrackprämie als Folge des Konjunktureinbruchs in der Finanzkrise 2008. Zwar leisten eine ganze

---

[197] Fakten, Hintergründe und Informationen darüber finden sich über:
http://www.finanzkrise-2008.de/
und über:
https://www.planet-wissen.de/politik_geschichte/wirtschaft_und_finanzen/boerse/finanzkrise_2008.jsp

[198] http://www.helles-koepfchen.de/das_geheimnisvolle_bermuda_dreieck.html

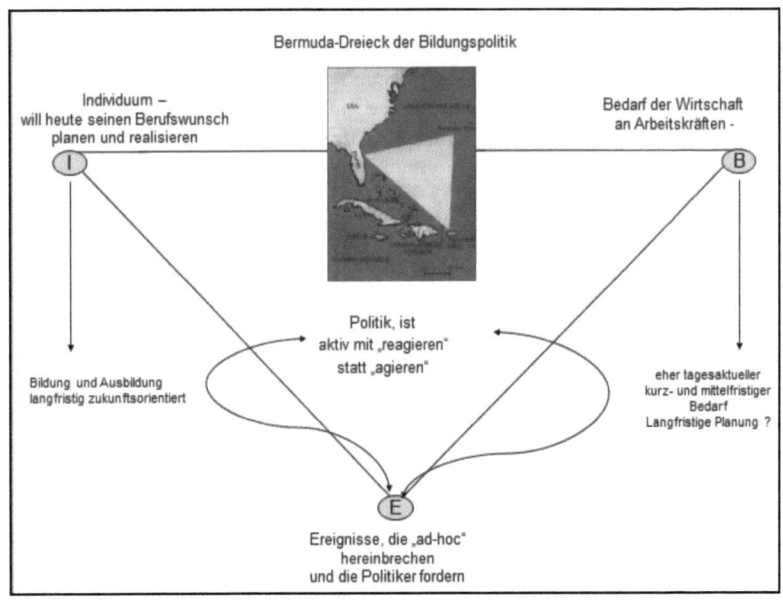

Reihe von Bildungskommissionen[199] die Vorarbeit und Empfehlungen für die Politiker und deren Entscheidungen in Sachen Bildung, aber Wege und Mitteleinsatz werden eher parteipolitisch entschieden. Vor den Wahlen treten alle Parteien für eine **„bessere"** Bildung ein, was jedoch nach den Wahlen geschieht, ist dann eher geprägt durch aktuelle Ereignisse wie Eurorettung, Griechenland- und Spanienkrise, Haushaltsdefizite oder Vorschläge wie: Senkung der Rentenbeiträge, Abschaffung der Leiharbeit, Abwrackprämie für Heizungsanlagen und Kühlschränke,

---

[199] Aus der Fülle an Kommissionen, die sich mit langfristigen Konzepten für die Bildung beschäftigen, seien exemplarisch genannt: http://de.wikipedia.org/wiki/Bildungskommission_NRW
und
http://www.boell.de/bildungkultur/bildungssystem/bildungssystem-5248.html
und
http://www.focus.de/schule/schule/bildungspolitik/bildungskommission-aus-fuer-die-hauptschule_aid_630293.html

Migrationspolitik, um nur einige Themen der Jahre 2012 bis 2014 zu nennen.

Das Gebot der Stunde im Jahr 2012 scheint auch in der Landes- und Bildungspolitik das **Sparen** zu sein. So liest sich ein Artikel der „Mittelbadischen Presse" vom 18.07.2012 wie folgt:

Und das Festhalten an der **„schwarzen Null"** vor dem Hintergrund der **Schuldenbremse** prägt seit 2012 die bundespolitischen und landespolitischen Haushaltsentscheidungen ganz gewaltig.Mehr Bildung für das gleiche Geld, weniger Lehrerstellen und dies bei einer Grün-Rot-Regierung in Baden-Württemberg seit 2011? Vor dem Hintergrund der demografischen Entwicklung in ganz Deutschland wäre es langfristig gesehen besser angebracht, sinnvoll zu planen, wieviel Lehrer zukünftig in Hauptschulen[200], Realschulen, Gymnasien, Sonderschulen und in beruflichen Schulen benötigt werden. Ob der Klassenteiler noch weiter abgesenkt werden muss, wäre ebenfalls eine Grundsatzdiskussion wert.

Diesem Pressebericht „Der große Kampf um Zahlen" folgte ein Kommentar von Gabriele Renz, der sich wie folgt liest:

---

[200] Ob man in Baden-Württemberg ganz oben schon an die Abschaffung der Hauptschule denkt und für die Zukunft bereits fest mit einem zweigliedrigen Schulsystem plant, wäre zu eruieren, so der Stand im Jahr 2012, der auch im Jahr 2014 noch keine endgültige Klärung brachte außer, dass „Zwergschulen" aufgelöst werden bzw. zusammengelegt werden sollen.

Dieser Aufforderung von Gabriele Renz folgend, schrieb ich einen Leserbrief an die Mittelbadische Presse, der geringfügig gekürzt ein paar Tage später auch abgedruckt wurde.

Dieser Leserbrief lautete:

Stellungnahme zum Kommentar „Es wird Zeit",
Mittelbadische Presse 18.07.2012

sehr geehrte Damen und Herren,

als Lehrer, der mit Ende des Schuljahres 2011/2012 in den Ruhestand gehen wird, meine ich aufgrund meiner 37 Jahre als Berufsschullehrer, davon 9 Jahre im Auslandsschuldienst, genügend Erfahrungen gesammelt zu haben, um eine fundierte Meinung zu den geplanten Sparmaßnahmen um Lehrerstellen abgeben zu können.

Einerseits ist es für den Steuerzahler einleuchtend, dass bei sinkenden Geburtenzahlen die Zahl der Lehrerstellen geprüft und gegebenenfalls entsprechend den Vorschriften über die Klassenteiler angepasst werden muss. Dies beginnend in der Grundschule und sich fortsetzend in Realschulen, Gymnasien und auch in den Berufsschulen. Andererseits wird bei dem „Tauziehen" um die adäquate Lehrerversorgung von den Politikern und der Öffentlichkeit nie darüber debattiert, dass die Schule sowohl einen Bildungs- als auch einen Erziehungsauftrag zu erfüllen hat, nachzulesen in § 1 SchG des Landes Baden-Württemberg.

Und wenn ich auf meine langjährige Zeit als Berufsschullehrer zurückblicke, so stelle ich fest – und da werden mir sicherlich viele meiner Kollegen Recht geben – dass dieser Erziehungsauftrag früher schon nicht leicht zu erfüllen war, heute jedoch deutlich schwerer geworden ist. Das Land

Baden-Württemberg verfügt dank einer guten Lehrerausbildung über hervorragend ausgebildete und motivierte junge Lehrerinnen und Lehrer, an denen es nicht liegen kann, dass die schulische Bildung an staatlichen Schulen nicht den Erfordernissen des 21. Jahrhunderts nachkommt. In den vergangenen Jahren durfte ich an meinen Beruflichen Schulen Kehl (BSK) feststellen, dass junge Nachwuchslehrkräfte heute eine hervorragende Bildungsarbeit leisten und ausscheidende ältere Kollegen gut ersetzt wurden. In meinem Falle gilt dies allerdings nicht mehr, da hier der Rotstift der rot-grünen Landesregierung bereits angesetzt wurde.

Das Senken des Klassenteilers von früher 34 Schülern pro Klasse auf heute 32 bzw. 28 Schüler ist zwar begrüßenswert, betrachtet man jedoch die „gewaltige" Erziehungsaufgabe so wie es im § 1 SchG formuliert ist, so sind selbst Klassen mit „nur" 20 Schülern eine permanente Herausforderung oder sogar Überforderung für jeden Lehrer, für ältere und jüngere. Warum? Nach meinen Beobachtungen darauf zurückzuführen, dass heutzutage viele, wenn auch nicht alle Schüler nicht mehr über die notwendigen „Primär- und Sekundärtugenden" verfügen. Ferner wird von vielen Teilen unserer Gesellschaft die Schule als „Institution" nicht mehr respektiert und die Einstellung der Schülerschaft zum „Arbeitsplatz" Schule hat sich deutlich gewandelt.

Während meinen neun Jahren im Auslandsschuldienst durfte ich in Brasilien und Guatemala feststellen, dass motivierte und leistungsbewusste Schüler selbst in einer Fremdsprache zu erstaunlichen Erfolgen in kürzester Zeit fähig sind. Deutsche Lehrpläne und berufliche, kaufmännische Qualifikationen ließen sich dort problemlos vermitteln. Auf guten Primär- und Sekundärtugenden aufbauend ließ sich dort die schulische Bildung gut erfüllen und die Erziehungsarbeit trat dort in den Hintergrund.

Unterrichtsausfälle, Überstunden, fortlaufende Lehrplanrevisionen, neue Schulformen, kleinere Klassen und vieles mehr sind immer wiederkehrende Themen der Bildungspolitik. Was ich jedoch weit mehr vermisse ist die Auseinandersetzung mit dem Thema: Wie kann in den Schulen der Erziehungsauftrag erfüllt werden, wenn es an den dazu notwendigen Primär- und Sekundärtugenden hapert?

Mit freundlichen Grüßen

Karl O. Roth
Dipl. Volkswirt, Kehl
Lehrer an den Beruflichen Schulen Kehl

Das Schielen unserer Politiker in Deutschland auf Wachstumswerte, auf die Entwicklung des Steueraufkommens, auf die Konjunkturentwicklung, auf die Finanzmärkte, auf die Entwicklungen in den EU-Staaten und in der ganzen Welt ist verständlich und nachvollziehbar. Für die Zukunft Deutschlands geht es aber auch darum, dass heute die nachwachsende junge Generation im Elternhaus, in Kindergärten, in Vorschuleinrichtungen **und** in den Schulen, erzogen und für die Zukunft ausgebildet und „gerüstet" wird. Dass hierbei das gesamtgesellschaftliche Umfeld ebenso mitwirken muss, ist unbestreitbar.

Im Jahr 1954 zogen meine Eltern nach Freiburg, dort wurde ich damals auch eingeschult. Es war eine Zeit, in der ich noch in der Umgebung des Hauptbahnhofs in Trümmergrundstücken mit meinen Kameraden aus der Nachbarschaft spielte. In der Nähe waren Franzosenbauten und wir spielten damals auf den kleinen dazwischen liegenden Plätzen täglich Fußball [201], so ähnlich wie dies heute noch in Brasilien auf dem Land der Fall sein dürfte.

Die Begeisterung für den Fußball erlebte ich in Brasilien in der Zeit des Auslandsschuldienstes 1989 – 1995 wiederholt auf dem Lande, wenn wir Reisen in Brasilien unternahmen. Barfuss, aber mit einer überschäumenden Begeisterung wurde auf dem Lande „gekickt". Nicht auf Rasenplätzen, sondern auf einfachen "Bolzplätzen". Am Abend, wenn das Tagwerk getan war, wurde mit altersmäßig sehr gemischten Mannschaften Fußball gespielt. Auch in unserer relativ vornehmen Wohngegend in São Paulo, Zona Sul, erlebte ich im letzten Jahr des ersten Auslandseinsatzes – 1994 – die Fußballbegeisterung der Bauarbeiter, die auf dem Nachbargrundstück in Handarbeit und ohne Maschinen ein neues Wohnhaus errichteten. Abends, nach getaner Arbeit, so gegen 18 Uhr, bevor die Dunkelheit ganz schnell kam, spielten sie auf der Straße, eine Sackgasse, ihren geliebten Fußball, jedoch barfuss.[202] Fußballschuhe hatten diese Tagelöhner nicht. Dies auch im Winter, den es in der Form wie in Deutschland mit Eis und Schnee in São Paulo nicht gibt. Aber die Temperaturen konnten dann bis auf +5 Grad absinken, sobald die Sonne weg war und damit wurde es in den Häusern auch unangenehm kalt. Zentralheizungen kennt man in diesen Breitengraden nicht. Als Bauarbeiter

---

[201] Die Schule fand in meiner Zeit auch vorwiegend am Vormittag statt, zumindest in der Realschule. Später im Wirtschaftsgymnasium war es dann auch der Nachmittag mit einem "freien" Vormittag, da an den damaligen Handelslehranstalten I in Freiburg eine entsetzliche Raumnot herrschte. Aber den Begriff von der "Ganztagesschule" gab es in den 50er- und 60er-Jahren noch nicht.

[202] Das ganze Jahr über veränderte sich der Sonnenauf- und -untergang zeitlich nur gering, da São Paulo so ziemlich exakt auf dem Breitengrad des südlichen Wendekreises liegt

lebten sie nachts in einer Hütte auf dem Baugrundstück nebenan und das Prinzip „Ausbeutung", das nicht nur in Brasilien praktiziert wird, war auch im Tagesablauf bei bei diesen Arbeitern ein sichtbarer Bestandteil.

In die Schule ging ich wohl nicht immer mit „Begeisterung", es musste halt sein. Aber meine Eltern legten den Daumen drauf und hielten nicht nur in der Grundschule sondern später sowohl in der Realschule als auch in der Wirtschaftsoberschule engen Kontakt mit den Lehrern. Und ich gewöhnte es mir in der Zeit der Realschule bereits an, nach dem Fußballspielen meine Hausaufgaben zu machen.[203] Es war eine Zeit, die noch nicht geprägt war durch Internet, Computerspiele, Facebook, Smartphone oder ähnliche Welten. In meiner eigenen Jugendzeit war der Fernseher noch kein Dauerkonsumgut,[204] ebenso nicht für unsere drei Kinder. Diese besaßen auch im schulpflichtigen Alter weder einen eigenen Fernseher noch einen Computer. Allerdings vergnügte sich unser Sohn Ende der 80er Jahre bereits auf einer Nintendo Spielkonsole und in den Auslandsschuljahren in Brasilien wurde mir klar, dass Kinder dort nicht ohne weiteres einfach nur auf die Straße gehen und dort

---

[203] Dies im Unterschied zu meinen Beobachtungen in den letzten Jahren als Lehrer in Klassen des Wirtschaftsgymnasiums, des kaufmännischen Berufskollegs und der Wirtschaftsschule. Schüler im Vollzeitbereich, in denen es unerlässlich ist Haus-aufgaben zu erteilen, zeigen sehr unterschiedliche Einstellungen zu ihren schulischen Pflichten. Vgl. dazu auch Kapitel IV mit den dort aufgeführten Beispielen.

[204] "Wahrscheinlich werden in fast jeder Familie häufiger Unstimmigkeiten über das Thema Fernsehzeiten für das Kind oder Teenager, Computer- und Internetzeiten oder Videospiele aufkommen. Zwar sind sich die Eltern zumeist einig, dass ihre Kinder oder Jugendlichen nicht mehr als 2 Stunden am Tag vor dem Bildschirm verbringen sollten. Doch in der Praxis ist es dann häufig so, dass der Fernseher (und zunehmend eben auch Computer und Videospiele) zum Dauerbegleiter der Kinder und Jugendlichen werden." Quelle: http://web4health.info/de/answers/child-tv-reduktion.htm

mit anderen Kindern spielen können, wie dies in meiner Jugendzeit in Freiburg der Fall war.[205]

Als Ausgleich für diese starken Einschränkungen unserer Kinder in der Zeit des Brasilienaufenthalts von 1989 bis 1995 empfand ich das Schulleben im dortigen Colégio Humboldt in São Paulo. Auch wenn dies nicht eine Ganztagesschule war, so gab es doch in den höheren Klassen häufig Nachmittagsunterricht, aber die Schule dort war ein Ort, an dem nicht nur „beschult" wurde. Es war ein Ort, an dem sich vieles abspielte, was sonst in Deutschland in Vereinen und anderen Einrichtungen gepflegt wird: Sport, Spielen, Musik, Treffen der Eltern untereinander.

Überhaupt: der Begriff „Humboldt-Familie" war treffend, ein lebendiger Austausch mit vielen Aktivitäten das ganze Jahr über und nicht nur am einmaligen großen Humboldt-Fest, das mir 1991 in Verbindung mit dem 75jährigen Schuljubiläum noch in ganz besonderer Erinnerung ist.

Ein Fest mit Münchner Oktoberfest-Stimmung. Innerhalb der Mauern, die das ganze Schulgelände abgrenzten, wurde jeder Platz

---

[205] Dazu gehörte dann auch beim Fußballspielen in Freiburg der Kontakt mit jungen Franzosen, die zwar genauso wenig Deutsch sprachen wie ich Französisch (außer: le boeuf – der Ochs, la vache – die Kuh, fermez la porte – die Türe zu). Aber in den bunt gemischten Mannschaften verstand man sich auch ohne Sprache. Den Ball zu treten verstanden die Franzosen ebenso wie die Deutschen.

ausgenutzt für Stände, Aktivitäten und Spiele jeder Art, mit Essen und Trinken und nicht nur mit deutschen kulinarischen Genüssen, ein ganzes Wochenende lang, wozu auch das typisch brasilianische „churrasco" [206] und die berühmte „caipirinha" [207] zählten.

Viele ehemalige Schüler trafen sich bei diesem jährlich stattfindenden Ereignis, aber auch Geschäftsleute, die Deutschen und die „Paulistanos" schätzen bis heute dieses Fest. [208] Im Gegensatz dazu empfinde ich das Schulleben in Deutschland eher steril, farblos und öde. Zumindest in den

---

[206] Vgl.: http://de.wikipedia.org/wiki/Churrasco

[207] Vgl: http://de.wikipedia.org/wiki/Caipirinha

[208] São Paulo mit mehr als 20 Millionen Einwohnern verfügt über ein Potenzial von mehr als 400.000 deutschprachigen Bürgern, die auch heute in zweiter oder dritter Generation in ihren Familien nicht nur die deutsche Sprache, sondern auch deutsche Kulturgüter pflegen. São Paulo wird unvermindert als die größte deutsche Industriestadt bezeichnet, vgl. auch: http://www.auswaertiges-amt.de/DE/Aussenpolitik/Laender/Laenderinfos/01-Nodes_Uebersichtsseiten/Brasilien_node.html
und auch:
http://www.sao-paulo-brasilien.de/
Und es gibt nicht nur den auch von reinen Brasilianern geschätzten Kolpingverein und solche Clubs wie der Verein „Alpenrose", wo bayerische Trachten und Dirndl getragen und deutsche Volkstänze gepflegt werden, auch in anderen Clubs in São Paulo wird typisch deutsche Kultur gepflegt, fast so etwas wie eine "Subkultur".

Schulen, die ich als Berufsschulen kenne. Schüler gehen dort hin, um unterrichtet zu werden, nach Schulschluss wird dieses Gelände aber sofort und fast fluchtartig verlassen. Kultur, Sport und Freizeitaktivitäten werden an anderen Stätten geplegt.

„Sich wohl fühlen" in einer Schule ist sicherlich eine Grundvoraussetzung für den Schulerfolg und kann auch von der politischen Seite nicht allein bestimmt werden. Dazu bedarf es des Zusammenwirkens aller Beteiligten, der Lehrerschaft, der Elternschaft, aber auch derjenigen, die in die Schule gehen und diese über Jahre hinweg besuchen. An meinen drei Kindern habe ich in all den Jahren in São Paulo festgestellt, dass sie dort gerne in die Schule gingen, obwohl sie in den ersten beiden Jahren relativ schnell die Sprache lernen mussten. Wir als Eltern waren zwar ebenfalls von einem Tag auf den anderen in ein „portugiesisch-brasilianisches Sprachenmeer" versetzt, aber ich selbst durfte ja nach wie vor in meiner deutschen Muttersprache im IFPA des Colégio Humboldt unterrichten.[209] Dabei bestand das damalige Colégio Humboldt-Gebäude vor dem Neubau in Interlagos aus einer Sammlung älterer Gebäude, die nicht auf einem „modernen Stand"

---

[209] Für unsere drei Kinder gab es die „adaptacão" (Anpassungsphase). In dieser Übergangszeit von zwei Schuljahren, zählten die Noten in den auf Portugiesisch unterrichteten Fächern nicht als versetzungsrelevant, nur in den deutschen Fächern. Danach zählten alle Noten gleichwertig. In etwa zur Hälfte wurde Unterricht in Deutsch und Portugiesisch in den „B-Klassen" erteilt, die sich aus deutschen bzw. deutschsprachigen Schülern zusammensetzten.

waren. Klassengrößen von dreißig Schülern oder mehr waren aber die Ausnahme.[210]

Insofern komme ich aufgrund der Erfahrungen im Ausland, aber auch durch meine Beobachtungen in den letzten Berufsschuljahren zur folgenden Erkenntnis:

Gute Bildungspolitik besteht nicht nur im Bau neuer und moderner Schulen bzw. der Sanierung bestehender Gebäude, in der Einstellung von gut ausgebildeten und motivierten Lehrern, in der fortlaufenden Revision von Lehrplänen, sondern auch in der Bildung von Klassengrößen, die im Durchschnitt nicht über zwanzig Schüler liegen sollte.

In Anlehnung an das finnische Modell sollte es dann für das Ziel „Kein Schüler darf und soll zurück bleiben" auch unterstützendes Personal in Deutschland geben, um schwierigen, psychologischen Problemen bei Schülern schon frühzeitig zu begegnen und gegensteuern zu können. Förderstunden, LehrerassistentInnen, SchulsozialarbeiterInnen und Schul-

---

[210] Und dies, obwohl die deutschen Auslandsschulen als Begegnungsschulen dort nichts anderes sind als Privatschulen, die von den Einnahmen aus Schulgeldern sich weitgehend selbst finanzieren müssen. Staatliche Zuschüsse, wie dies in Deutschland die Privatschulen bekommen, gibt es dort nicht. Finanziert werden an den deutschen Auslandsschulen durch Deutschland nur die entsandten deutschen Lehrkräfte als Auslandsdienstlehrkraft und als Programmlehrkraft. In beschränktem Rahmen werden noch Zuschüsse gewährt für bestimmte Lehrmittel und Sonderanschaffungen, die durch das Schulgeld der Eltern nicht voll finanzierbar sind. Die Besoldung der Ortslehrkräfte und die Kosten der Verwaltung, die beträchtlich sind, müssen dort vor Ort durch die Schulgelder finanziert werden. Diesen "Preis" - Eintrittsgeld in die dortigen Privatschulen - bezahlen die Eltern sicherlich nicht alle problemlos, zumal auch dort nicht alle Schüler aus Familien der reichen Oberschicht stammen. Aber diese Eltern wissen, dass dort eine weit bessere Bildungsarbeit geleistet wird als an den staatlichen Schulen ihres Landes. Und es wird dort erkannt: gute Bildung und große Klassen lassen sich nicht oder nur sehr schwer miteinander vereinbaren.

krankenschwestern sollten ebenso zum Schulalltag gehören wie die permanente Schulung und Weiterbildung des Lehrers in gruppenpsychologischem Verhalten.

Auf der Hand liegt die Erkenntnis: Gute Bildung ist teuer! Wenn die Bildung aber zum obersten Ziel der Politiker werden soll, ist dies nur möglich durch die weitere Erkenntnis: Jede Investition in die Bildung ist auch eine Investition in die Zukunft und damit in die Zukunft Deutschlands!

Quelle:
http://c0964762.cdn.cloudfiles.rackspacecloud.com/images/8246/insight/photocasewdth0gy553334811.jpg?1331806167